学者的声音

胡　昊　田新民　李厚锐　主编

上海交通大学出版社
SHANGHAI JIAO TONG UNIVERSITY PRESS

内容提要

本书系上海交通大学融媒体智库的首批成果汇编,精选了 33 篇来自学校各领域专家学者的文章,聚焦当下不同领域的热点问题,给出深度的思考和洞见,既有对人工智能、数字经济、新零售等行业的深度剖析,也有对宏观环境、城市文化、政策法规的分析解读,还有对政府治理、技术创新、疫情防控等方面的建言献策,希望为政策制定、公共治理、行业发展等起到决策支持、社会服务的作用。

图书在版编目(CIP)数据

学者的声音/ 胡昊,田新民,李厚锐主编. —上海:
上海交通大学出版社,2022.12
ISBN 978 - 7 - 313 - 27913 - 2

Ⅰ.①学…　Ⅱ.①胡…　②田…　③李…　Ⅲ.①管理学
—文集　Ⅳ.①C93 - 53

中国版本图书馆 CIP 数据核字(2022)第 224310 号

学者的声音
XUEZHE DE SHENGYIN

主　　编:胡　昊　田新民　李厚锐
出版发行:上海交通大学出版社　　　　　地　　址:上海市番禺路 951 号
邮政编码:200030　　　　　　　　　　　电　　话:021 - 64071208
印　　制:上海文浩包装科技有限公司　　经　　销:全国新华书店
开　　本:710 mm×1000 mm　1/16　　印　　张:9.25
字　　数:135 千字
版　　次:2022 年 12 月第 1 版　　　　　印　　次:2022 年 12 月第 1 次印刷
书　　号:ISBN 978 - 7 - 313 - 27913 - 2
定　　价:68.00 元

主　编：胡　昊　田新民　李厚锐

副主编：卢思语

编　委：曹　杰　张　濠　陈　哲　黄淑绢

　　　　安　毅　姜　澎　江倩倩　王辰轩

　　　　王　涵　高　璐　曾玉竹

特别支持：文汇报社-上海交通大学行业研究融媒体智库

　　　　　上海交通大学行业研究院

　　　　　上海交通大学融媒体中心

　　　　　上海交通大学舆论学研究院

前 言
FOREWORD

党的二十大报告指出"教育、科技、人才是全面建设社会主义现代化国家的基础性、战略性支撑",将教育、科技和人才"三位一体"统筹安排、一体部署,加快建设教育强国、科技强国、人才强国。这是以习近平同志为核心的党中央对中华民族伟大复兴、未来世界发展大势的深刻洞察与全面把握,以及对教育优先发展、科技自立自强、人才引领驱动的强调与期待。十八大以来,习近平总书记围绕建设中国特色新型智库作出了一系列重要论述,党的十八届三中全会明确提出"加强中国特色新型智库建设,建立健全决策咨询制度",这为建设一批国家急需、特色鲜明、制度创新、引领发展的高端智库提供了根本遵循和重要依据。加快建设中国特色新型智库,是党和国家立足民族复兴伟业和国家发展大局作出的重要部署,是推动科学民主依法决策、推进国家治理体系和治理能力现代化、推动经济社会高质量发展、提升国家软实力的重要支撑。

上海交通大学因图强而生,因改革而兴,因人才而盛,已稳居国内一流高校前列,逐步跻身全球高校百强。时代的发展对高校提出了更高的要求——学术研究要走到实践中去,论文要写在祖国大地上。围绕国家重大战略需求,聚焦立德树人根本任务,主动适应不断发展的新形势、新任务、新要求,上海交通大学在全国高校中率先开展融媒体中心建设探索,以"四全媒体"为着力点,增强"四力"建设,实现"有效融合、脱颖而出",进一步促进学校各宣传阵地的融合发展,充分利用融媒体做好广大师生的思想政治工作,让党的声音、国家的政策在高校广大学生、教师、知识分子群体中广泛、精准地传播。同时，不断提升上海交通大学新闻的传播力、引导力、影响力、公信力，不断增强融媒体的价值引领功能和育人实效，切实提升人才培养质量，打造高校融媒体建设的"交大样本"。

高校作为知识生产的学术机构，是智力和人才的重要聚集地，在新时代必须自觉承担起建设中国特色新型智库的重任。上海交通大学主动对接党和国家工作大局和学校发展战略，精心组织推进中国特色新型智库建设，着力发挥高校新型智库咨政启民的作用。上海交通大学整合资源构建高校新型智库，打造多层次、多元主体推动的特色咨政网络，立足学科交叉融合，推动智库与学科良性互动，基于多方合作共建创新智库工作机制。学校智库平台建设卓有成效，研究成果持续涌现，学术影响不断扩大，为服务党和国家工作大局贡献智慧和力量，为国家治理体系与治理能力现代化做出贡献。上海交通大学行业研究院秉承"扎根中国管理实践，推动社会经济发展，完善经济管理理论"的发展方针，立足交大，发挥交大学科齐全、人才密集、对外交流广泛的优势，在以学科为主线的横向研究的基础之上，建立以行业为主线的纵向研究，大力推动行业研究，打造"纵横交错，知行合一"的学术氛围，形成实践、学术、教学之间的良性循环，把求真、务实和育人更加紧密地结合起来，助力中国行业和社会经济的发展。

《学者的声音》是对文汇报社-上海交通大学行业研究融媒体智库、上海交通大学行业研究院、上海交通大学融媒体中心和上海交通大学舆论学研究院成果阶段性的总结梳理，也是社会各界加深对交大智库认识的一扇窗口。未来，上海交通大学融媒体智库将继续围绕国家战略，服务发展大局，充分发挥上海交大多学科、跨学科研究优势，形成海派学术流派，输出高质量学术成果，为国家经济与社会发展贡献交大智慧和力量。

目 录
CONTENTS

改变知行分离，要让教授们
摆脱"成功的诅咒"

陈方若

改革开放以来，身处中国的商业实践，中国商学院也同样经历了快速成长。如何建设世界级的商学院？作为与实践联系最密切的学术机构，当下的中国商学院要实现持续快速发展，必须扎根中国。所谓扎根中国，不是道听途说，不是纸上谈兵，更不是舶来主义，而是深入中国的经济管理实践，发现问题，提出想法，建言献策，进而升华凝练为具有实践基础的经济管理理论。这是商学院实现高质量发展的破局之道，更是学术机构的社会责任。

但是，长期以来，中国的商学院在深入实践方面做得远远不够，不仅商学院，高校的一些科研也存在实践与理论脱节的通病。对商学院来说，行业研究很有可能正是解决这一问题的破题之举。行业研究可以改变我们对"科研"的认识，推动理论与实践的密切结合。加之2019年国家相继出台了许多导向性政策，高校"破五唯"的导向让我们更有底气去推行行业研究。

一、推行行业研究，现实世界并没有针对单一领域的问题

中国的大学发展至今，已经有了一些成功的经验，包括商学院也是如此，但是这些成功的经验都是基于国家经济的快速发展。反观学术机构对行业乃至经济发展的反哺，除了文献的发表以外，其实还可以做得更多。

大学这一学术机构，除了育人以外，还承担了科研任务。大学里的科研

分为两类：基础理论方面的突破和实践研究方面的建树。

前者为后者提供基础，而后者往往为前者提供持续发展的动力，两者应该相辅相成。但从商学院的发展来看，两者缺乏关联，导致两者都没有得到很好的发展。即便在商学院内部，要就科研深入服务实践的理念达成共识也并非畅通无阻。

很久以前，商学院的一个主要研究范式是"企业蹲点"，在企业里蹲几个月甚至几年，把自己变成企业的一员，睁大眼睛、开动脑筋，把积累的大量素材带回学校，再进行总结提升。管理学大师彼得·德鲁克就曾在通用汽车蹲点两年，形成了自己的一套管理学理论。

遗憾的是，这样的优良传统目前已经荡然无存，在全球商学院皆是如此。我们大多数管理学院的教师们已经习惯于坐在书桌前读论文，看资料。

除此之外，我们还面临另一个困境。长期受困于学术评价的枷锁，商学院的教师已形成一种"自觉"——从理论到理论。商学院的每一位教师都已经在自己的研究领域耕耘多年，在一个特定的领域有了很深的造诣，但是，他们同时也形成了一种根深蒂固的思维习惯，这种思维习惯限制了他们的想象力，使得他们在做行业研究的时候，只见熟悉的树木，而看不见森林。

现实问题通常比较复杂，并非单纯对应某个研究领域，在传统的思维习惯下，我们很容易错过一些最重要、最根本的问题。这种错过不仅仅是远离了学术对实践的指导，还会使我们在理论研究方面越走越偏。这在学术上被称为"成功的诅咒"(the victim of own success)。令人担忧的是，这种现象在研究工作中经常发生。这也是为何我们有些学生毕业后走上重要的管理岗位，还经常感慨不得不把很多所学的知识忘掉，因为只有这样才能看清行业中的根本问题。

同时，我们所熟悉的大多数大学教师早已习惯单打独斗，尊奉个人英雄主义。这在学术领域是常见的，甚至是被鼓励的，比如，独立作者的论文通常在评估体系中可以加分。但当下这个时代，管理学研究不可能仍然是单一学科，或者凌驾于其他学科之上，更不可能由一个人坐在书桌前完成。

管理学研究需要的是跨学科。产业的快速发展，使得管理学研究牵涉到的学科领域包罗万象。这些不同的领域会有完全不同的问题，需要的研究背景也完全不同。

如果我们的教师不能走出跨学科、跨领域合作这一步，自然就会成为井底之蛙，而自己却不会觉得有任何问题。

正是基于此，上海交通大学安泰经管学院在 2018 年开始推行行业研究。行业研究本身的实践意义不用多言，而且行业研究同样有其复杂性，没有一个行业是针对某一个领域的，即便是集成电路这样专业性极强的行业，要研究透彻，也牵涉到材料、器件、微电子、供应链、工程技术等诸多领域，这样的研究势必会推动教师走出单一的学科，也走出校园。

二、破除"成功的诅咒"，如果不能打破枷锁，那就另辟蹊径

很多人认为，大学里的老师应该是自由地按照自己的兴趣进行研究。这个想法很有意思，说对也不对。鼓励教师研究的兴趣驱动，鼓励他们自由探索固然有重要的积极意义，但是小到一个人，大到学术机构，其发展往往大概率会受制于环境，同时人也会对环境起反哺作用。

诺贝尔经济学奖得主约瑟夫·斯蒂格利茨写过一本书——《美国真相》，其中提到，西方国家太注重市场的作用，总认为市场有一只无形的手。但实际上，这只无形的手总是失灵。这是为什么？斯蒂格利茨提出，也许这只无形的手根本就不存在。同样，商学院的发展，乃至大学的发展也有相似之处，学术有其自身发展的逻辑，但是并非完全遵循某个规律，老师们的研究必须基于兴趣，也必须要有一些自上而下的导向，尤其是商学院，更需要通过组织行为，将"指导实践"的导向渗透到科研、教学之中。

为了破除"成功的诅咒"，我们用"纵横交错，知行合一"来鼓励老师横向进行学科交叉，纵向与行业和产业链直接形成密切的融合。希望老师能够带着自己的理论积累和头脑出去看看业界，用更长的时间去钻研一个行业，并且形成一些管理理论。

说实话，要推动老师们走出去并不容易。刚开始也有反对的声音，很多人都会问：现在的行业研究那么多，商学院的行业研究有什么不一样？

商学院的行业研究不只是为了投资。不论是投行或者咨询公司都有行

业研究,甚至近年来出现了企业自设研究院的热潮,但是,象牙塔中的行业研究应该更"超脱"一些,也更"综合"一些。仅以养老行业研究为例,在这个行业研究团队中,有研究养老产业的专家,有医学院的专业人士,有负责制定公共卫生领域政策的学者,甚至还有研究人工智能的学者,因为这与养老的智能装备有关系。商学院的行业研究扎根大学,注重跨界交流,需要的是多方面的理论基础。

推动老师们走出去的另一个困难在于评价机制。

虽然我们鼓励老师"把论文写在祖国大地上",但是职称晋升、项目审批乃至学科评估,仍然需要考虑学术成果。为此,我们鼓励一些已经进入终身教职序列的老师率先走出去,因为他们受到各项评估指标的束缚相对比较小,理论积累相对也更深厚。如果他们能够走出去深入行业研究,对年轻人也能起到更多的引导作用。

虽然说服老师们走出去并不容易,但是老师们真的愿意走出去后,如何做好行业研究同样不容易。

大家已经习惯于坐在办公室里读文献。如果暂时没有制度保障的话,那学院和学校就要充分调动资源,为老师走出去参与行业研究提供保障。目前,我们的校友成为行业研究的丰富资源和支持力量,更有校友企业听说我们在做行业研究时,第一时间加入,在多次参与行业研究活动后,毫不犹豫地捐赠千万元。

三、从小环境到大气候,耐心等待 10 年也不为久

对于学校老师而言,原先成果能够发表就是成功,而现在对国家贡献度的考核也被纳入评估体系。但是对于学院来说,晋升的评价体系仍然很难快速改变,而这也取决于行业研究是否会产生具有显示度的成果。但是这绝非短期就能实现,可能需要 5 年、10 年,甚至更长时间。

幸运的是,目前我们不仅得到了行业众多企业的认可,同时在 2019 年开始逐渐为政府决策提供一些真正的咨政参考。

要参透一个行业的奥秘需要多少时间? 可能 1 年,可能 2 年,而很多人

花了一辈子的时间。在我看来，推动行业研究与当下中国商学院发展的逻辑是一致的。当然，我们也需要耐心等待，才能真正收获有价值、有分量的咨政报告。

推动行业研究，收获真正有分量的成果，并且使得实践和理论结合成为一种习惯，同样需要多方共同的支持。

事实上，在过去很长时间，研究界、产业界和相关部门的急功近利也助推了商科教授研究发展的"脱轨"。虽说经管学科是与现实联系最密切的专业，经管学科的教授不能真正地坐冷板凳，必须走到实践中去，但是经管专业的教师们也不是万金油，不能对一个问题没有进行深入研究就发表各种所谓的"洞见"，这是不合适的。这样的行业研究或者区域经济发展方向的报告，带来的危害更直接，因为那样形成的只可能是充满误导的报告。

2019 年是开展行业研究工作的元年。老师们响应热烈，80 多位老师在以学科为主线的横向研究的基础上，组成了 25 支以行业为主线的纵向研究团队。行业研究论坛第一期只有业界专家上台演讲，发展到现在，我们有不少老师能与业界专家深度交流。2020 年团队扩展到 30 多个，覆盖金融、大健康、在线新经济、人工智能、零售、智能网联汽车等重要领域。同时，为了更好地给各行各业输送最为鲜活的行业智慧，聚焦金融科技、创新创业、汽车这 3 个领域的行业社群试点班于 2019 年启动，近 50 个名额有 1 000 多人报名。目前，已有一些理论上的突破正在酝酿之中。

作者：陈方若(上海交通大学安泰经济与管理学院院长)
来源：《文汇报》，2020 年 8 月 21 日

品牌是上海经济高质量
发展的聚焦镜

陈飞翔

近日启动的"五五购物节",极大地调动了上海市民的消费热情,对促进受新冠肺炎疫情影响的经济恢复产生了明显的积极作用。在市场交易中不难看到,一些品牌好的商品更容易受到消费者的欢迎。从这里我们得到一个应当高度重视的启示,即品牌是撬动市场运行的重要杠杆,上海应当更加积极地通过品牌建设来促进经济更高质量的发展。

在现实的市场经济运行中,品牌不只是对消费者的选择具有重要的导向作用,其背后更有深层次的社会经济内涵,能对社会经济发展产生十分广泛和深远的影响。打个比方,品牌就像聚焦镜,折射出的是社会经济多个层面的光线,也如同一个杠杆的支点,可以撬动市场经济的各个方面。在当前我国社会经济发展向高质量阶段转型的重大历史关口,对加强品牌建设的特殊战略价值需要有充分的认识。

品牌是产业链成长的重要导向。培育出一个品牌就能控制一条产业链,甚至在此基础上构建起整条价值链。这是因为能打出品牌的产品,早期阶段的重要条件是生产技术或工艺上达到较高水平,产品质量有可靠保障,因此,不仅是直接的生产企业同时也是相关产业发展到较高水平的结果。当今由于国际分工发展等因素的影响,许多品牌都对生产过程实行外包,但品牌作为最重要的生产要素,始终是掌控产业链高端环节的关键所在。

品牌是营商环境优化的显著标识。规范的市场秩序对品牌的成长和生存具有举足轻重的影响,一个法制较为健全、竞争公平的市场环境能为企业培育自身品牌提供良好的支撑。营商环境越好,就会有越多本地品牌成长起来,也会吸引更多的外地和国外品牌过来经营发展。同时,品牌聚集也会积极促进营商环境的进一步改善。

品牌影响社会公众的心理意识。品牌不只局限于产品本身,通常会产生较广泛的文化和价值认同。当消费者选择某个品牌时,也往往不自觉地选择了某种价值观念,在心理上倾向于某种行为模式,其外溢影响是其他因素难以比拟的。一个地方的品牌影响力强,也往往会给本地居民带来自豪感,客观上会成为城市形象的一个重要因素。

品牌体现城市的国际竞争力。在经济运行高度全球化的条件下,品牌成为制约国际竞争力的非常重要的因素。企业要走向国际市场,需要以良好的品牌突围而出,作为持续经营的战略支撑。而对一个城市来说,打出品牌就能更加有效地吸引世界各地的资源流入,为经济持续发展提供重要保障。

改革开放以来,上海在国民经济总量快速增长的同时,品牌建设也取得了长足进步。一些传统的品牌如大白兔奶糖等老字号重新焕发生机,同时越来越多的新品牌也在快速成长。然而,同发达国家的很多大城市相比,品牌建设相对落后仍是上海的明显短板。上海经济发展正加快向高质量形态转变,必须把品牌建设当成一个重要的战略性抓手,支撑和带动产业走向高端化、精细化。上海发布了关于品牌建设的 23 条意见,我们要充分发挥制度优势,调动各方面资源来加快品牌建设步伐,提高品牌建设成效,让上海成为名优品牌汇集的城市。近期应当着重从两个方面争取新的突破:

第一,尽快促使本地品牌建设迈上新的台阶。上海需要投入更多资源,强化政策导向,努力在不太长的时间内培育出更多知名品牌、国际品牌。上海还有很多传统品牌资源可以挖掘,要让其在新的市场环境中重见天日。上海的高端制造业要把培育自有品牌作为战略制高点。上海的科技创新应当与品牌培育紧密地融合到一起,不断拓展未来成长发展的空间。

第二,进一步增强全球知名品牌的聚集效应。上海的首店经济正在起步,越来越多的国际知名品牌在上海开设其在中国的第一家商店,对上海品牌建设和经济发展的积极意义将随着时间的推移而日益显现。我们还需要从政策、金融和房地产供给等方面加大力度,努力吸引更多国外知名品牌进入上海。让全球知名品牌在上海形成空间聚集效应,既能为上海本地品牌建设提供竞争和示范效应,也使上海这座城市在全球范围内显示出更强的品牌效应。

作者:陈飞翔(上海交通大学安泰经济与管理学院教授)

来源:《文汇报》,2020 年 5 月 11 日

细看"宅经济"三波浪潮，上海新推出的这个重磅方案意义深远

陈宏民

一场突如其来的新冠肺炎疫情，把全国人民都变成了"宅男""宅女"，"宅经济"一词频繁地出现在人们的视野里。人们不仅能"宅"着生活，还能"宅"着工作。

那么，这一"宅"，给经济社会带来了怎样的变化呢？有人说，它给电商物流带来了商机；有人讲，影院没戏了，网络视频和游戏火爆了。其实"宅"出来的变化，远不止这些，其对未来经济社会有着深远影响。

按照笔者的观察，"宅经济"大概会掀起三波浪潮。

第一波浪潮是线上购物，这是满足"宅生活"的用品需求。2003年"非典"疫情过后，以电子商务为代表的一轮"互联网＋"开始兴起。虽然互联网波及许多领域，可是网络购物的影响还是最为广泛而深远的。对于年轻人来讲，每年的"双十一"简直比春节还热闹。这次新冠肺炎疫情进一步推动了人们线上购物的需求，但是这部分新增需求并不会太大。因为各类电商平台从"非典"疫情开始已经发展了10多年，市场基本饱和，继续增长的空间有限。当然，这次疫情也确实培育了一些细分市场，如生鲜电商，也培育了一批新用户，如那些原先不喜欢网购的中老年消费者。

第二波浪潮是各类在线服务，这是满足"宅生活"的服务需求。在线教育、远程医疗都属于这个范畴。在疫情发生之前，上述这些在线服务虽有起色，但在行业中仍处于探索性地位，无论是用户习惯，还是政策支持，或者主

流企业的接受度，都不是很有利。然而，疫情突然暴发，线下医疗资源顿时紧缺；教育资源虽然不紧缺，但是线下教育模式变得不安全。所以，政府力推网课等线上教育，同时也鼓励传统医疗机构和互联网医疗机构大力开展在线问诊。于是，在教育领域，主流机构纷纷响应，各类学生和其他教育用户也在很短的时间内适应了在线教育的模式。在医疗领域，一些门诊量供不应求的医院开始积极推进信息化，用线上模式缓解线下压力；各大互联网巨头更是抓住机会，全力推进远程医疗。可以预见，疫情过后，政府政策虽然会有所调整，但是在教育和医疗领域，在线模式向核心业务渗透一大步，是必然趋势。

在"宅生活"的带动下，其他一些服务行业也会在不同程度上向线上转型，比如最近开始兴起的线上房地产业务。服务业的数字化转型通常是从标准服务发展到非标服务。比如，在金融、教育和医疗三大领域里，金融是转型最快的。证券公司营业部门前人头攒动，已经是 10 多年前的往事了；各类金融理财产品的销售，也越来越多地通过各大商业银行的 App 或者支付宝等金融服务平台进行；更不要说市民日常的存款取款。金融之所以转型最快，就是因为金融产品的标准化程度很高。在线服务关键是为用户解决好两个问题：一是体验，二是信任。凡是能有效解决好这两个问题的行业，线上业务就会有大发展。

第三波浪潮是与"宅工作"相匹配的环境提升。这轮疫情带来的最大变化，或许是社会对"宅工作"的关注和认同。为了适应"宅生活"和"宅工作"，许多行业会出现机会。互联网和通信行业，如基础设施建设 5G 等，将迎来新的发展窗口；在互联网应用环节，机会就更多了，各类新场景的营造蕴藏着不少新业态。

"宅工作"的场景再造自然会延伸到"私宅"。因为要"宅"着工作，人们对于住房的要求会提高。比如，希望有自己的书房，书房还要有自己的风格，因为在线视频可能使曝光率大大增加，所以，房地产、室内装潢，甚至室内各类软饰品等，都会出现一定程度的发展。

上述三波浪潮虽然未必一个接一个，但还是会错落有致、循序渐进地到来。相比较而言，生活用品的在线销售最简单，标准化程度最高，所以兴起得最早最快，如今已经是高峰阶段；在线服务，其标准化程度和质量标准的界定要难一些，所以发展就慢一些。但受这次新冠肺炎疫情的冲击，在线服务得到了政府的支持、业界的响应和用户的喜欢，所以接下来该服务会方兴未艾。

"宅工作"的难度更大些。宅着生活是自己的事情，而宅着工作是群体的事情。一家公司要接受员工"宅工作"，不仅要当事人接受，还涉及团队和部门，涉及组织架构和管理模式的大幅度调整，牵一发而动全身。因此，相对而言，年轻人比例高的企业以及新型业态的企业，可能转型会快些。

总之，新冠肺炎疫情逼出全国人民的这一"宅"，给众多行业的数字化转型，给互联网平台在消费和工业领域里的持续发展都创造了巨大的商机。上海市政府办公厅的《上海市促进在线新经济发展行动方案（2020—2022年）》（简称《行动方案》）提出，将集聚"100＋"创新型企业，推出"100＋"应用场景，打造"100＋"品牌产品，突破"100＋"关键技术，努力打造在线新经济发展高地。《行动方案》的出台正是顺应了这个势头，借着"宅经济"的兴起而推进行业的转型升级，可谓意义深远。

作者：陈宏民（上海交通大学安泰经济与管理学院教授）
来源：上观新闻，2020 年 4 月 13 日

新零售的七个"HOW"

陈景秋　荣　鹰

"新"代表无限可能,"新零售"本身并不指代任何具体的商业模式。如果要回答什么是新零售,必须理解它的 HOW,即新零售的策略和做法。为此,本文总结了七项有关新零售的 HOW。

策略 1:数字化系统构建新

零售的重要特征之一是各种在线消费数据信息的爆炸式增长。因此,企业能否有效记录和分析这些数据并加以应用的数字化能力至关重要。信息化,即将纷繁复杂的管理体系中的模块和单元电子化,并在此过程中使流程规范化和标准化,这是数字化建设的必要前提。数字化可应用于企业管理的诸多环节,其中一个典型是数字化供应链,包括:通过打通供应链数据,将销售动态实时传递,在抑制不确定性传播的同时降低成本;通过数字化覆盖更多的生产商,让零售企业与生产商直接对话并压缩供应链的中间环节,从而提升运营效率。

策略 2:深度客户分析

深度客户分析,旨在将原本模糊的消费者群体转变为有着清晰数字画像的消费者个体,用于个性化的精准营销。首先,增加触点可以引流并将客户信息数字化；其次，形成数字化会员库，以整合线上、线下的会员资源，更好地确定目标消费群并预测需求；再次，对消费信息进行实时分析，获取消费者的不同类型、特征和消费需求偏好等信息。

策略 3：优化客户体验

在新零售下，最大限度地优化客户体验既是手段又是目的。常见的举措包括：一是通过虚拟现实技术、IP 形象设计、个性化的增值服务和消费场景化，提升在线消费的交互式体验；二是通过智能手段促进购物便捷并不断提升送货速度。

策略 5：借助社交平台

社交平台可以成为新零售的主战场。常见的方式包括：一是社交裂变，帮助零售商通过社交平台拉新；二是经营粉丝社群，以社群为纽带进行经常性的情感交流和线下活动，从而提升客户黏性；三是直播带货，商家联手网红或名人等 KOL 创下销售佳绩，甚至具有鲜明个人标签的总裁也可"上阵吸粉"带货。

策略 6：创造转换成本

由于产品信息的高可得性，客户转换品牌的成本远低于以往。为了提高客户转换成本，会员特权和定时优惠等手段呈现出新的特点。例如，很多零售企业开始采取付费会员制度；促销模式从单纯的优惠券发展到各种优惠组合模式；各个互联网销售平台上的预订优惠和限时优惠。在新零售时代，零售商的思维逐渐从经营商品向经营会员转变。

策略 7：平台转型

平台可以是帮助用户实现方便操作的信息系统，可以是促进在线交易的电商网站,也可以是企业内部的组织结构形式。一些旨在整合行业内资源和重塑价值链的垂直电商,能更好地把握供应链压缩所带来的效益增长机会,并且重塑了行业。电商平台的运营成功,不仅靠资金投入,还需要企业具备拔毛断喙的勇气。这就涉及平台转型,需要经历大的组织结构调整,将企业转变为一个既拥有整合的资源体系又适于灵活团队作战的平台结构。

作者:陈景秋、荣鹰(上海交通大学安泰经济与管理学院教授)

来源:《文汇报》,2021 年 6 月 20 日

数字经济,战"疫"之后
如何打造升级版

陈　宪

2020 年 3 月 9 日,"英雄联盟"职业联赛春季赛首度线上鸣锣。在上海打造"全球电竞之都"的雄心背后,我们再次看到了数字经济的巨大潜力。

一、数字经济将加速引领中国经济转型升级

新冠肺炎疫情对中国经济增长的影响到底有多大,尚难预测。然而,疫情激发了人们对数字经济的巨大需求是显而易见的。因此,具体到疫情后的产业发展,笔者的判断是,以新一代信息技术为首的战略性新兴产业呈现快速发展的态势,而且,疫情正在从非常规的角度倒逼产业转型升级,这两股力量的合流,预示着以战略性新兴产业为核心的数字经济,将加速引领中国经济的转型升级。

这里,用几个并不充分的数据,从若干侧面说明数字经济正在改变着我们的生产、生活和工作方式。据中国信通院测算数据,2019 年,中国数字经济规模估计达 35 万亿元,占 GDP 的比重为 35.4%。有分析显示,其增速可达 14% 左右,显著高于整体经济增速。研究还显示,受疫情影响,2020 年,我国灵活用工市场规模将增长 23% 以上。灵活用工绝大部分在从事与数字经济有关的行业。据初步估算,疫情期间,盒马、叮咚、美团等生鲜平台的线上订单量,普遍都较以往同期有 2～10 倍的增长。订单增长的背后,是疫情催

生的消费者习惯的改变。尽管部分被迫上线的消费,其黏性还有待观察,但是,利用数字化平台实现消费,将是不可更改的大趋势。数字经济正在向我们走来,疫情将加快这一进程。

笔者曾在几年前提出过"后服务业社会"的概念,意在指出,人类社会正在向一种新的经济形态演进。自20世纪90年代起,业界的专家开始用体验经济、创意经济等概念,试图描述初现端倪的新经济形态。就像人们经历了不同提法的表达后,一致将后工业社会概括为服务经济那样,后服务业社会是否确定为数字经济,还需要一些时间。这不要紧,重要的是,人们已经认同一种新的经济形态将要到来。

二、上海如何抓住数字经济发展的战略机遇

发展数字经济,根本动力来自企业、市场和创业创新。政府要因势利导、上下联动,抓住关键环节,力求有所突破。例如,在数字技术、数字化架构、云平台管理上建立标准化运营,打造形成一批可复制、可推广的标准化成果。又如,研究数字经济与实体经济深度融合的标准规范,出台数字贸易、数字金融、数字医疗健康和数字农业等的融合标准规范。

发展数字经济,需要掌握并突破关键技术。搭建数字经济共性关键和应用技术平台,在数字化基础、通用、前沿和颠覆性领域,集中攻关突破核心技术;着力拓宽延伸数字技术应用的广度与深度,在更大范围内推进数字技术的应用;以前沿技术、未来技术研发为基础,试点示范,推进技术成果转化,实现高质量可持续发展。

发展数字经济,需要拥有并培养相关人才。加快推进面向数字经济的新工科建设,积极发展数字领域新兴专业,促进计算机科学、数据分析与其他专业学科间的交叉融合,扩大互联网、物联网、大数据、云计算、人工智能等数字人才培养规模;加快国外数字经济人才引进,完善人才服务体制,建立面向国际的人才资源对接平台。

毋庸讳言,上海在发展数字经济的某些单项指标上尚有欠缺,如相关产业增加值总量等。但是,上海具备发展数字经济的综合优势。新冠肺炎疫

情后，尤其在"十四五"时期，上海需要抓住数字经济发展的战略机遇期，通过政策创新、体制创新，聚焦重点领域，大力推动关键核心技术突破，为数字经济发展营造良好环境，吸引培育数字经济领域的优质企业，推动数字经济成为上海经济发展的重要增长极，力争使上海成为全球性的数字经济中心城市。

作者：陈宪（上海交通大学安泰经济与管理学院教授、中国城市治理研究院研究员）

来源：《文汇报》，2020 年 3 月 11 日

上海如何答好补链强链这道题[*]

董　明

　　供应链体系越完善，新格局下融入全球化的能力就越强。在全球"断链"的背景下，上海和周边长三角地区供应链整体稳定且持续升级，成为吸引外资的重要优势。

　　日前，英国最大的零售商乐购（TESCO）向上汽大通公司采购了一批新能源冷链物流车。在上海，企业将新下线的车头和底盘装上货机，直飞伯明翰，由当地第三方改装工厂加装冷藏设备后，计划通过陆路运抵格拉斯哥。

　　2021年11月，第26届联合国气候变化大会将在格拉斯哥举行，乐购作为大会供应商，计划组建一支新能源冷链车队。然而由于时间紧张，加之地处新冠肺炎疫情反复的欧洲，乐购难觅合适可靠的生产商，最终舍近求远，向上海发来订单，并不惜成本，包下货运专机空运汽车。

　　疫情蔓延至今，这样的"极端情况"并非孤例。相比海外，中国制造业韧性强劲，以上海为龙头的长三角地区握指成拳，为全球产业修复链接、填补缺口。就像"飞机运汽车"，当前许多企业接到类似的急单、新单，需求倍增。

　　然而全球分工之下，没有谁能独善其身。比如，国内汽车行业也经历着"缺芯"等严峻挑战，一辆辆新车从上海出发前往海外，背后需要付出远胜过往的艰辛。

―――――――――――

　　*　本文采访者为徐蒙。

从原材料到零部件，从工厂到码头，从物流到分销……产业链、供应链的难点痛点，横亘在所有企业面前；如何补链强链，则成为畅通经济循环的一道必答题。

一、环环相扣的新挑战

数月来，海运缺箱，是浮于水面上、最受关注的供应链困境。然而记者在调查中发现，当前企业的难题，远不止"缺箱"这一项。

事出紧急，汽车才通过飞机运输；小小芯片，却从来都是空运。

位于上海漕河泾的跨国芯片公司莱迪思是全球 FPGA（可编程逻辑器件芯片）出货量最大的设计企业。莱迪思亚太区总裁徐宏来表示，企业不受海运缺箱的影响，却遇到两个"意想不到"：一是订单翻倍，汽车、服务器、摄像头、伺服电机，四大领域的需求从世界各地涌向上海，全球客户不停催单；二是生产周期翻了 2～3 倍，上到芯片生产，下到封装测试，全球供应商意外不断。

以芯片封装测试为例，境外封测工厂缺设备，影响莱迪思的出货进度；而设备供应商又缺芯片，回头催着莱迪思要芯片。就像"三角债"一样。芯片作为一个高度全球分工"长链"产业，疫情下任何一个环节出现异常，就会往下传导，环环相扣，产生"蝴蝶效应"。

调查采访中，不少企业负责人透露，边接单边催货，正成为经营中的常态。在一些供应链较长的行业中，开始流行"加急费"：海外客户加钱向国内制造商催货，后者又拿着这笔钱，拜托第三国原材料商加急……

国际贸易业内人士认为，受全球港口运转不畅影响，海运缺箱预计还将持续一段时间。但海运只是全球产业链中的一个物流环节，相比暂时的"运输难"，"制造难"正在成为波及更广泛、影响更深远的挑战。

营商环境评价专家表示："传统营商环境指标中，很少涉及供应链。但现如今，供应链是否稳定，产品能不能顺利地造出来，已成为广大企业最关心的营商环境内容。"

二、供应链正在重构

随着需求端愈加迫切，莱迪思开始调整供应链布局。企业将部分封装测试业务转移到国内，寻找新的合作伙伴。

从漕河泾上中环，经高速，驱车一小时，便是封测供应商华天科技位于昆山的基地。徐宏来十分看好这家新崛起的芯片封测企业："长三角集成电路产业进步确实很快，产业链正在成熟。"

位于上海莘庄工业区的民企爱朵集团同样经历了"由远及近"的变化。新冠肺炎疫情暴发前，这家企业生产高端婴儿纸尿裤，其高分子原材料来自化工巨头巴斯夫设在美国、东南亚的工厂。疫情后，海外工厂生产时断时续，巴斯夫将部分原材料生产转入上海金山化工区等国内基地，保障其全球产业链的稳定。

"疫情紧张时，我们上至董事长，下至采购员，与海外供应商们视频连线，每天一小会，每周一大会。困难虽大，但大家的距离反而更近了。"爱朵集团供应链 CEO 朱永龙说。

受供应链挑战和工厂升级的影响，今年特斯拉上海临港工厂的生产也曾出现过一些小的中断。"但从 7 月底开始，临港工厂已经转型成为特斯拉汽车出口中心，远销世界各地。"特斯拉汽车相关负责人表示，当前借助上海的各方面优势，特斯拉临港工厂调动国内外供应链，保证最大生产能力，同时辐射国内外市场。

特斯拉方面介绍，上海临港汽车产业链高度集聚，周边长三角地区一、二级电动汽车零部件供应商也在蓬勃发展。目前特斯拉临港工厂零部件本地化率已经高达 86％，未来还将根据自身需求及供应商成熟度，进一步提升供应链本地化率。

转型路上，也有人反其道而行之。上汽集团延锋国际公司在汽车内饰领域已经形成了"五五开"的国际国内市场格局，疫情后企业主动放弃了过去供应链主要依靠国内出口的方式，转而在海外市场打造本地供应链。

"每一笔需要跨洋运输的供应链业务，现在都要管理层特批。能本地化的,坚决本地化。"延锋国际负责人介绍,虽然其供应链转移方向是"向外走",但"本地化"的内在逻辑是一致的,"这也是疫情后跨国经营的新趋势"。

"当下的全球分工中,越来越多的'短链'正在取代'长链'。"上海交大安泰经济与管理学院教授董明认为,"短链"并不意味着全球化的倒退,相反,本地化可以使供应链变得更加敏捷、更具韧性。供应链重构,将以新的方式,深化全球分工合作。

"面对疫情下世界经济的不确定性,我们的供应链还需要数字赋能,形成自感知、自适应和自我调整能力。在这些方面,上海及长三角地区大有可为。"董明表示。

三、越是可控,越能融入全球

受海运需求井喷影响,2021年沪东中华造船公司只用半年时间,就接满了过去一年的造船订单量。

沪东中华生产的LNG船,约三成装船设备和零部件需要进口。海外疫情反复,许多欧美供应商处于半停工状态,企业当机立断,决定靠自己补链强链。

上海长兴岛上,补链计划从疫情前就开始筹备。过去沪东中华的一个生产车间,转身成为自主研发LNG船某项关键核心部件的独立公司。过去一年里,在海外供应链困境倒逼下,企业加大投入,全力加快研发进程,初步形成自主可控的研制能力,相关产品正在投入量产。

"我们还在与苏浙民营企业合作开发,推动更多零部件和原材料供应链自主可控。"沪东中华造船公司副总经理罗乐表示。

爱朵集团同样把视线放在更长远处。在供应链的冲击下,集团一边将安全库存周期从20天延长到40天,一边加快投入可降解新材料研发,分散依赖进口石化原材料的风险。

"我们和上游供应商联手研发,长三角丰富的科研院校资源为我们提供了有力支撑。"朱永龙介绍,企业已经与南京大学、东华大学分别开展产学研合作,自主研发新材料。一旦研发成功,上游供应商很快就能量产,补链强链便能形成闭环。

"建立自主可控的供应链,并不意味着自我封闭;相反,我们的供应链体系越完善,新格局下融入全球化的能力就越强。"供应链管理领域专家表示。

跨国公司的选择和行动充分证明了这一点。2021年1—7月,上海外商直接投资实际到位金额同比增长18.8%,新增跨国公司地区总部36家。

"我们虽然找到了国内芯片封测供应商,但更期待看到在封测领域的上游,国产原材料和设备能实现突破。"莱迪思亚太区总裁徐宏来认为,上海具有独特的人才和创新资源优势,可以抓住全球产业链供应链重构的危中之机,加大研发投入,在国内产业补链强链过程中更好地发挥引领作用。

受访者: 董明(上海交大安泰经济与管理学院教授)

记者: 徐蒙

来源:《解放日报》,2021年9月28日

大数据时代，个人隐私安全该如何保护

——上海交大安泰教授这样说

杜素果

中国某互联网龙头企业 CEO 曾在公开场合表示，中国人愿意牺牲一些隐私以换取服务上的便利。然而，这只是对中国互联网用户隐私态度的误解，反映出部分中国互联网企业对用户隐私的侵犯比较严重，而用户在与企业的博弈中处于十分弱势的地位。

许多针对用户对隐私重视程度的调查显示，大多数用户对个人隐私重视度很高，但是国内很多 App 的霸王服务条款使得用户不得不放弃一部分个人隐私来使用 App 的基本功能。

App 搜集用户隐私后，可能会由于种种原因导致隐私泄露，而隐私泄露会产生很多严重后果，因此，隐私泄露问题在现阶段受到了越来越多的关注。

一、位置隐私泄露问题已成为研究热点

据中消协 2018 年开展的 App 信息收集情况显示，多达 59％的 App 会收集用户的位置信息，位置信息成为各类 App 违规收集信息的重灾区。从一个人的位置信息可以轻松解析出个人习惯、工作生活地点、社交关系等敏感信息。尽管很多 App 声称可以保护用户的位置隐私，但实际上，通过一些算法，只要知道某个用户若干个位置信息，就可推断出该用户的住

处及去向。

二、Permizer 权限管理配置模型

虽然在中消协的调查中,有 59% 的 App 会搜集用户的位置信息,然而这些信息收集行为都是在经过用户授权后进行的。但是,很多 App 存在过度索要权限现象,而 App 用户由于不清楚拒绝授权是否会影响 App 的使用,因此,大多数时候,他们会选择同意授权,这就导致用户大量个人隐私信息被 App 获取,极大地提高了隐私泄露风险。针对这一问题,课题组提出了一个可以自动选择授权何种权限的自动化权限授权管理模型 Permizer。该模型在保证用户隐私泄露风险最小化和 App 服务质量最大化的前提下,能够帮助移动用户进行自动化权限决策,加强用户的隐私保护。

三、个人隐私的法律保障

近年来,针对部分 App 违法违规收集个人信息的问题,国家信息安全部门陆续出台了各种相关法律法规,形成了以《中华人民共和国网络安全法》为根基、《个人信息保护法》为基本原则、《个人信息安全规范》为实操规范的信息安全保护体系,对规范 App 的信息收集、信息使用、信息保护起到了决定性作用,为用户个人隐私添加了一道重要屏障。

四、移动社交网络隐私泄露途径

除了 App 恶意过度收集用户隐私信息外,用户在社交网络上的一些行为也会导致个人信息的泄露。一些用户在公共社交媒体如豆瓣、微博发布帖子时,时常会不经意间透露自己的个人隐私信息,如工作单位、住所、财产信息、消费信息等,这些信息使得个人在网络上不再只是一个网名,而是各种隐私信息组合出的线索集。对此,我们的研究团队采用马尔科夫链和攻击防护树模型分析了移动社交网络隐私泄露途径,并希望社交网站做好网

站的安全防护，定期检查修复潜在安全隐患。用户也应该提高自身的隐私保护意识，避免在公共社区发布个人敏感信息，避免泄露隐私。

五、要隐私还是要便利

在日常的 App 使用过程中，用户常常会面临一些抉择，是牺牲 App 的一些功能来保护个人隐私，还是用个人隐私换取一些金钱奖励或者 App 使用上的方便？常常会有用户在实际情形中选择后者，尽管在被调查隐私态度时，这些用户表示非常重视个人隐私，这种现象就是所谓的"隐私悖论"。

关于这种现象的成因，学界有很多不同的假说，目前两种最主流的观点分别为"观点导向理论"和"行为导向理论"。前者认为，比起未来的利益，用户更重视眼前的好处，并且存在过度自信的倾向；后者认为，用户之所以会选择授权部分隐私权限，是因为他们对个性化服务和便利性的需求大于对隐私保护的需求。"隐私悖论"是影响个人隐私安全的重要因素，破除"隐私悖论"，需要个人、运营商和市场监管部门三方的共同努力。

六、隐私保护建议

通过前文的分析，相信大家已经充分认识到保护个人隐私的重要性，下面我们想给 App 用户和平台提几点隐私保护方面的建议：

首先，对于用户，应该慎重授权涉及个人敏感信息的权限请求，如通讯录读取请求。还应优先选择有清晰标注开发商品牌且所属企业较为知名的 App。

其次，对于平台，应该严格把控架上 App 的隐私风险，剔除隐私风险过高的应用。同时，应在 App 下载界面中对当前 App 收集用户信息的类型进行标注，以提示相关隐私偏好用户，还应严格要求架上 App 必须明确真实地标注其直接开发商信息。

最后，在日后的生活中，用户应更加注重对个人隐私的保护，同时也希望平台方能够在国家网络安全法律法规的规范下合理获取用户个人信息，加强用户隐私保护力度，切实保障用户隐私安全，从而提升自身口碑，吸引更多用户，实现用户和平台方的双赢。

作者：杜素果（上海交大安泰经济与管理学院副教授）

来源：《文汇报》，2021 年 7 月 21 日

金融科技与科技金融，两种模式下的相互成就

冯　芸

当下，无论是从金融到科技，还是从科技到金融，两者的相遇已成为不争的事实。金融科技和科技金融，代表着金融和科技两种不同的相遇路径。前者的演变是一种典型的发端于金融行业内部并向外延展的模式，而后者的蓬勃生长则更多地源于传统金融体系之外的互联网科技及其生态圈由外而内向传统金融业的渗透。互联网科技并非无所不能，传统金融机构也远非不堪一击。如何发挥各自的优势，让互联网科技企业与银行彼此共生互助，构建良好的生态圈，将成为各方更加关注的焦点。

金融与科技的相遇，从两个方向派生出一对概念：金融科技（FinTech）和科技金融（TechFin）。

根据上海科技金融博物馆的词条介绍，"科技金融"是促进科技开发、成果转化和高新技术产业发展的一系列金融工具、金融制度、金融政策与金融服务，是由向科技创新活动提供融资资源的政府、企业、市场、中介机构等主体及其融资行为共同组成的一个体系。而"金融科技"是指通过利用各类科技手段创新传统金融行业所提供的产品和服务，提升效率并有效降低运营成本。

根据金融稳定理事会（FSB）于 2016 年提出的定义，中国人民银行在2019 年 8 月印发的《金融科技（FinTech）发展规划（2019—2021 年）》中指出："金融科技"是技术驱动的金融创新，旨在运用现代科技成果改造或创新

金融产品、经营模式、业务流程等，推动金融发展提质增效，其中，现代科技成果主要包括人工智能（artificial intelligence）、区块链（blockchain）、大数据（big data）、云计算（cloud）等新兴前沿技术，又形象地称为 ABCD 技术。

但是，无论如何定义，不可回避的一点是，金融和科技是不可分割的整体。

一、金融与科技的相遇：两种模式

无论是从金融到科技，还是从科技到金融，这一对概念中，"金融"和"科技"二者均不可或缺。如果非要说区别，那么可能更重要的在于变革力量的起源，有时起源于金融业，有时则起源于科技本身。

在美国，金融与科技的相遇，最早可以追溯到 20 世纪 80 年代中期，两者的相遇以信息科技（information technology）在金融领域中的应用开始。由于信息技术的助力，从那时开始，美国的信用卡出现暴发式增长，成就了消费金融的快速发展。2008 年金融危机，美国的银行和信贷公司纷纷收缩信贷，大量中小企业和消费者无法获取贷款。此时出现了 P2P lending 这种借贷模式。通过 P2P 平台，使金融服务的触达面变得更广，触达速度变得更快，从而明显提高了传统金融服务的效率和服务力度。

这种新生事物的生长动力源于金融业内部的生长痛点，借助于互联网科技的力量开始在体系外成长，是一种典型的发端于金融行业内部并向外延展的模式。

在中国，金融与科技的相遇，其变革的力量更多地源于蓬勃生长的互联网科技及其生态圈。根据中国互联网络信息中心（CNNIC）发布的第 45 次《中国互联网络发展状况统计报告》，截至 2020 年 3 月，我国网民规模为 9.04 亿人，互联网普及率达 64.5%。2019 年移动互联网接入流量为 1 220 亿 GB，比 2018 年增长 71.6%。

庞大的规模往往孕育着强大的力量。在互联网科技的基础上，中国开始出现网络金融服务业态。后期则更多地借助移动互联网科技，通过移动端 App 大幅提升与用户的触达面。

金融和科技的相遇，孕育出众多不同于传统金融服务模式的创新型金融产品。在这种格局中，传统银行业的保守和谨慎，与互联网巨头的激进扩张形成了鲜明的对比。

二、金融和科技的相互成就

很多人认为互联网科技颠覆了金融行业，特别是银行业。但是公众对传统银行，特别是大型商业银行的信心并没有动摇；相反，随着 P2P 网络借贷平台在国内的清理整顿，互联网科技逐渐脱下无所不能的外衣。

目前互联网产业向金融业务的延展，主要集中在以信贷和支付为主的消费金融领域，这与互联网行业与生俱来的特点密不可分。

互联网企业的优势在于与消费者的触达面和触达效率，由此积累下来的海量另类数据，以及科技企业特有的快速响应模式；传统银行的优势则在于资金规模、风控能力和公众信任。

在这种背景下，互联网科技企业与银行彼此共生互助，构建良好的生态圈将成为各方更加关注的焦点。笔者认为，金融与科技的融合应该而且也正在相互成就对方。

金融机构与科技公司之间的合作，不仅体现在科技公司向金融机构提供的技术服务和数据资源上，还体现在金融机构对科技公司的投融资服务，助力科技公司，特别是初创型科技的成长上。

中国的互联网企业向金融业的快速扩张，从一开始靠的就是另类数据，而不是征信数据。它们依靠海量另类数据，对客户进行风险评级和欺诈概率分析，极大地弥补了传统央行征信体系在部分人群中的空缺。据估计，这部分征信盲区规模超过 5 亿人。

与此同时，针对个人隐私保护和数据滥用、数据盗用等问题，无论从个体意识，还是从法律监管层面上看，目前都处于相当宽松、尚不规范的阶段。中国也没有类似美国公平借贷的法律规定。例如，国内许多银行明确地将 55 岁以上甚至 50 岁以上人群的贷款需求拒之门外。

这种制度和文化特征，给了互联网企业充分利用另类数据，提高借贷触达面和触达效率的巨大空间。但是,随着个人隐私保护意识的增强,再加上法律监管对另类数据使用权限和范围的收紧,互联网企业在这一领域的上升势头无疑会得到抑制。

面对汹涌奔来的互联网科技企业,传统的金融机构远非毫无还手之力。相反,在这种相遇过程中,传统的金融机构将迎来更大的发展机遇。

传统银行,特别是大型商业银行凭借其完善的风控体系和公众信任,仍然拥有强大的抵抗经济波动的能力。此外,传统的大型金融机构正在努力把自己变成科技型企业。中国平安就将原有 logo 上的"保险、银行、投资"六个字,改为"金融、科技",传达了中国平安致力于成为国际领先的科技型个人金融生活服务集团的品牌愿景。虽然金融机构对于新兴科技的追赶,整体上还落后于科技公司,但是随着传统大型金融机构对科技投入力度的大幅提升,将会极大地拓展原有的业务范围,提升金融服务的质量和效率,从而迎来更好的发展机遇。

作者:冯芸(上海交通大学安泰经济与管理学院金融系教授、系主任,上海交通大学行业研究院金融科技行业研究团队负责人)

来源:《文汇报》,2020 年 10 月 14 日

中国城投债转型效果评估

——风险与利率的博弈

黄少卿

城投债怎么转型？按照政策要求或者期望，原来资金用途为公益性、准公益性的，逐步转为地方政府一般债或专项债，市场化的债则逐步转为企业债。

目前城投债依然在发行，而且存量规模不小。本文基于 2012—2017 年发行的 1 000 多只城投债的样本，以 2014 年的 43 号文作为政策冲击点，考察在该政策冲击点之后，城投债的发行和定价是否出现了更符合市场化要求、更加反映市场风险变化的转变。

中国城投债的兴起有独特的制度和经济发展背景。1995 年的《预算法》对地方政府举债有限制性要求，但事实上城市开发公司、投资公司在帮助地方政府进行市政建设融资，我们不妨称之为"权宜性融资机制"。这种依托平台公司进行经济开发的典型就是上海浦东新区，其 20 世纪 90 年代的开发依托了五大开发公司。

平台公司举债真正大规模兴起是 2009 年，在 4 万亿元的刺激政策下，需要地方政府加大基础设施投资以稳住经济增长，并且在改善中国经济增长动力结构方面发挥作用。2009 年以后，在中国人民银行、银监会、财政部的相关文件和安排之下，融资平台逐渐成为地方政府获取资金的重要渠道。到 2013 年年末，地方政府性质债务总量达到 18 万亿元，债务风险逐步凸显，城投债或者地方政府举债方式转型的内在要求不断强化。

2015 年正式实施的《中华人民共和国预算法》规定，主要做法就是堵后门、开前门，一方面规范地方政府的发债渠道，另一方面通过债务置换让过去平台公司利用的非规范方式逐渐退出历史舞台。就城投债而言，公益性和准公益性债券逐渐转到一般债和专项债，非公益的则与政府脱钩，取消政府隐性担保。

可以说，城投债转型的核心，就是切割政企债务，打破市场对政府兜底城投债的预期，改变城投债的准市政债性质。从 2012 年 12 月开始，无论是发改委还是财政部的文件，都在这个方面做了非常明确的规定，核心要点就是加强地方政府的举债风险意识，希望通过这样的置换或者转变降低地方政府在公益性和准公益性资本支出上的融资成本。

与此同时，撤销中央政府和地方政府的隐性担保，打破刚性兑付，暴露非公益性举债可能存在的风险，让其反映到信用利差上，以此提升平台公司在非公益项目上的举债成本，缓解其对民营经济部门的融资挤压效果。

本文利用了中国银行间交易商协会的城投债标准，选取了 2012 年 1 月—2017 年 12 月发行的 1 994 只债券，其中符合研究要求的有 1 106 只。研究目的是探讨 2014 年政策出台之后，不同性质资金投向的债券在定价机制和利率结构上会不会因为政策冲击而出现分化。如果债券定价差异和信用利差出现分离，那就说明改革是有效的。

根据财政部和发改委对于投资项目性质认定的政策文件，笔者区分了各只债券的投资项目性质。发改委区分为公益性和准公益性，除此之外就是非公益性；财政部则区分了公益性和非公益性。本文主要依据财政部的标准。

从统计上看，无论是按照财政部还是发改委的标准，公益性债券只数明显更多；从盈利水平上看，公益性债要弱于非公益性债。2016 年以后，非公益性城投债只数在增加，由此导致城投债的总盈利水平在提升，高收入债券的占比在提高。

城投债的市场投资者主要以商业银行为主，这些投资者在债券的收益和风险水平之间权衡，由此给出合理的定价。2014 年之前，如果所有的城投债被投资者认为得到了政府的隐性担保，则资金投向为公益性和非公益性的两种城投债,在定价上看不出明显差异。

但是,如果 2014 年的政策调整让市场认为非公益性投向的城投债从此不再能得到政府的隐性担保,发生偿债风险时,政府的刚性兑付不复存在,投资人要自己承担风险,那么,对于风险的考量会在信用利差上有所体现。而公益性投向的城投债由于其性质依然会得到地方政府的隐性担保。由此,笔者做了一个双重差分法(DID)的模型设定:首先,看 2014 年的政策变化对所有城投债的发行利差是否有显著影响;其次,2014 年之后,非公益性和公益性城投债的发行利差是否有额外变化。

回归得到的结果很有意思:

第一,政策出台后,所有城投债的发行利差都提高了。在政策冲击之下,2014 年 12 月份以后发行的所有城投债的发行利差平均提高了 0.623 个百分点。理论上,这个变化反映了所有在这个时间节点以后发生的事对城投债发行利差的影响。

但由于笔者在回归中加上了各种控制变量,包括无风险利率,利差的提高实际反映的是中央政府提出要打破刚性兑付后(此前市场总有一种中央政府会对地方财政风险兜底的潜在预期),市场对中央政府为地方政府城投债兜底的预期在逐渐消失,由此,市场通过提高发行利差来弥补地方政府的潜在偿债风险。

第二,政策冲击前,非公益性城投债比公益性城投债高 0.0145 个百分点的利差,差距非常小,即两种城投债的发行利差不存在显著性差异。这印证了前面的判断:市场认为地方政府对两种城投债都提供了隐性担保。但是,在 2014 年政策冲击发生以后,相比于公益性城投债,非公益性城投债的发行利差有了显著提高,提高了大约 0.123 个百分点。换句话说,两种不同投向的城投债定价开始出现显著分化。市场认为地方政府对非公益性城投债的隐性担保不复存在,要求提高发行利差来弥补由此暴露的偿债风险。这 0.123 个百分点利差的提高,是对非公益性城投债在政策冲击后的额外风险溢价。

由此,大体上可以说,在 43 号文的冲击之下,随着市场对中央政府和地方政府双重隐性担保的退出预期,非公益性城投债的发行利差提高了 0.746

（0.623＋0.123）个百分点，而公益性城投债的发行利差提高了 0.623 个百分点。

具体分三个阶段进行回归来看上述效应是否存在阶段性差异：2014 年 12 月—2015 年 12 月作为第一个阶段；2016 年作为第二个阶段；2017 年作为第三个阶段。

一是市场对中央政府隐性担保退出的预期在不断强化：第一阶段政策冲击导致发行利差上升了 0.616 个百分点，到第二阶段则提高到 0.826 个百分点，到第三阶段进一步提高到 1.983 个百分点。

二是政策冲击后，在第一阶段，市场似乎不认为地方政府会退出对非公益性城投债的隐性担保，两种城投债的发行利差没有显著差异。但随着政策的不断推进，在第二阶段，市场对地方政府退出非公益性债券的隐性担保的预期越来越强，两种城投债发行利差的差异就体现出来了。

有意思的是到了第三阶段，两者之间的差异又没有了。笔者认为，随着地方城投债发行规模的继续扩张，市场对地方政府是否有能力对公益性投向的城投债给予担保也产生了怀疑，担心由于地方政府财政状况的恶化，公益性城投债的违约风险也提升了，市场认为非公益性和公益性城投债的偿债风险不再有显著差异。

据此，笔者认为，应该尽快把公益性城投债的发行纳入一般债和专项债发行。鉴于市场对地方政府债券有更高的信用评价，可降低地方政府的举债成本。

此外，笔者根据地方政府的财政透明度状况，将城投债样本分为两组来研究：高财政透明度地区组和低财政透明度地区组。回归分析发现，高财政透明度组的结果与前述结果基本相同。

但是，低财政透明度组的结果是，无论是在前述第一阶段还是第二阶段，公益性和非公益性两种城投债的发行利差不存在显著性差异，即由于对低财政透明度地区地方政府的财政能力的不信任，市场认为即便地方政府对公益性城投债存在隐性担保，但它和非公益性的偿债风险并没有区别。

最有意思的是在第三阶段，投资者出现了对非公益性债券的偏好，它们对公益性城投债反而提出更高的发行利差。换句话说，随着市场对低财政透明地区地方政府的财力怀疑程度加强,投资者认为公益性城投债比非公益性城投债的偿债风险更高,毕竟非公益性城投债的项目本身的收益水平更高,有更好的偿债保障。

笔者还做了一个补充分析,考虑到前面的讨论都是基于发行市场的利差,对二级市场公益性和非公益性城投债的利差进一步分析,也得到了相同的结果。

本文结论如下:

第一,2014年9月地方债务管理政策出台之前,城投债资金投向的公益性与否并未被投资者区分。

第二,政策出台后,城投债的信用利差均有显著提高,表明中央政府"不救助原则"的强烈信号被市场认为"可信"。

第三,政策出台后,非公益性与公益性城投债的发行利差的差异显著拉大,表明市场对地方政府退出非公益性城投债隐性担保的预期在强化。

第四,地方政府的财政透明度会影响城投债转型效果。

作者: 黄少卿(上海交通大学安泰经济与管理学院教授)

来源: 澎湃新闻,2020年11月10日

构建基于场景的数据要素市场化治理体系

蒋　炜　王鸿鹭

在今天的数字经济时代,社会数据化的趋势不断加强,数据催生了新的界面和平台,并逐渐主导了人们的生活。数字经济生产力要素中最具突破性的变革是数据成为劳动对象,数据作为一种强大的生产要素注入经济活动中,并对资源配置效率产生了重大影响。人类劳动也随之发生了转向,成为以生产数据和处理数据为典型形式的数字劳动。

党的十九届四中全会通过的《中共中央关于坚持和完善中国特色社会主义制度、推进国家治理体系和治理能力现代化若干重大问题的决定》(简称《决定》)中,首次明确提出"数据"作为生产要素参与分配;2020 年 3 月发布的《中共中央国务院关于构建更加完善的要素市场化配置体制机制的意见》(简称《意见》),提出了土地、劳动、资本、技术、数据 5 个要素领域的改革方向。因此,如何对数据进行有效治理,使其在资源配置过程中"数尽其用",是学界和业界共同面临的挑战。

数据具有海量性和实时性的特点,用户在网络平台上无时无刻不在产生数据,这些海量数据被大公司所占有,通过对性别、爱好、年龄、职业等众多数据化个人信息进行整合分析,形成相应的数据群进行交换买卖,进而完成相应的广告推送以获取数据资本。因此,网络平台凭借对用户私人数据的无偿使用而形成绝对优势,并可能进一步形成行业的进入壁垒或扩张壁垒,或因数据产品而形成市场支配地位并滥用。

数据正在成为数字经济时代日益重要的战略资源,对国家治理能力、经济运行机制、社会生活方式等方面产生了深刻影响。因此,有必要加快推进数据治理体系的构建,规范行业秩序,助力数字经济的健康发展。

任何生产要素都避不开竞争和垄断的问题。在数字经济时代,以数据作为第一要素的企业商业模式和竞争策略,有诸多理论和实践问题亟须解决。同时,数据要素由于与其他生产要素存在复杂的交互作用,也会导致在评价数据要素的贡献及价值分配的过程中可能存在效率失真和公平失范问题。因此,需要通过合适的政策保障来有效配置数据资源,构建基于场景的数据要素的市场化治理体系。

首先,要建立数据科学分类体系,解决数据权属问题。数据作为一种重要的战略资源,需要最大程度地利用好、保护好。从经济学角度看,富足而零边际成本的数据资源的一个显著特征就是"非争用"(共享性),意味着数据可以供多人重复使用。数据可以供不同的主体重复使用并且不存在使用效用递减的问题;同时,可以通过不断挖掘数据来发挥其最大功用。但数据在不同主体间的反复使用,又同数据的隐私保护形成矛盾,因此,需要设计制度保障体系使数据成为准公共物品,即具有"有限的限用性"。

其次,要促进数据—算法—场景的融合与贯通。数字经济的基石是经济活动的数字化和代码化:所有商业行为都可以被数字化,从而产生数据;一切商业运行的规则都可以用逻辑来表示,也就是代码化。数据如何使用、产生价值并变现是数字经济的核心;商业逻辑的代码化则以算法形式实现,其金字塔顶端是人工智能。所以,未来数字经济竞争的着力点是如何优化使用数据和如何优化商业逻辑及相应代码化的进程。

而数据和算法的具体价值在不同商业应用场景中会有不同的体现。数据、算法、场景之间相互作用、相互影响,构成了数字经济的三大核心要素。

数据的价值需要通过算法来实现,但其价值在不同应用场景中不尽相同。所以,数据有效的价值实现必须对应于相应的算法和场景,这就需要实现基于一定应用场景下的数据和算法间的智能匹配。

另外,确定数据和算法(在特定应用场景下)各自的贡献,从而基于场景的应用价值进行收益分配,也是未来需要解决的难点问题。

最后,建立基于场景的数据—算法收入分配机制。在市场经济中,生产要素所有者凭借对生产要素的所有权获取收益的方式有很多,但主要途径有三种:一是把生产要素当成商品,主要通过让渡生产要素的所有权获取收益;二是把生产要素当成"资本商品",主要通过让渡生产要素的使用权获取收益;三是把生产要素当成资本,即把生产要素作为各种职能资本使用,在生产经营中赚取利润。

在数字经济时代,数据成为核心生产要素已形成共识。而算法的优劣将直接影响生产效率、产品质量、生活服务等,算法就是数字经济时代的通行"语言"和生产力体现。

推动数字经济的发展,不仅需要数据,更重要的是:一方面,要为各行各业的海量数据匹配最合适的算法,充分挖掘数据的内在价值;另一方面,要为人工智能、机器学习算法匹配高质量的训练数据,促进算法的优化、迭代、升级、流转,并落地于合适的应用场景。因此,需要构建基于场景化的数据—算法要素市场化配置机制保障,提供完善的数据—算法的确权、追踪、安全、定价、交易、结算、交付、数字资产管理等综合配套服务,发挥数据—算法在数字经济时代的"资本商品价值属性"和"资本职能",重构公平高效的数据—算法价值链。

作者: 蒋炜(上海交通大学安泰经济与管理学院行业研究院特聘教授);王鸿鹭(上海交通大学安泰经济与管理学院行业研究院研究员)

来源:《文汇报》,2021 年 2 月 2 日

保险搜索引擎破流量难题，可从 视频平台入手提高转化率*

李春晓

2021 年 6 月 3 日，"百保君"宣布完成数千万元天使轮融资，由火山石资本领投，青橙鹿资本、青源树资本跟投，引发业内对保险搜索引擎领域的关注。

其实，"百保君"并非首家保险搜索引擎平台，保险类搜索引擎还有保险大搜索、大家保保险网、360 保险汇和富脑袋保险网等诸多平台，不过，业内人士认为，目前保险搜索平台的影响力尚未完全建立。

业内人士认为，创建保险搜索引擎的商业逻辑是，借此充当流量入口，未来通过为投保人推荐个性化的产品来实现盈利，最后的愿景可能是使投保人、保险公司和医院的整个链条运作起来。业内人士也指出，目前所有互联网平台都存在引流困难的问题，一款垂直领域的搜索引擎更是如此。

一、充当流量入口

据悉，"百保君"是一家多维资源聚合类的保险科技平台。早在 2019 年 7 月 19 日，众安在线财产保险股份有限公司（以下简称众安保险）和百仕达控股有限公司对其进行战略融资，交易金额为 19.61 亿元。

---

* 本文采访者为杨菲、郑利鹏。

其具体使用模式为，用户通过生活消费等流量平台的搜索入口，通过"我要买保险"等保险类关键词搜索进入；之后，用户可以在保证个人数据隐私的前提下，根据个人需求，匹配到最适合的保险顾问，通过一对一的咨询服务，获取保险产品信息。

保单服务保CEO刘大勇认为，保险搜索引擎未来会变成一个流量入口，老百姓有产品需求要找人询问，但现在代理人本身存在信任危机，比如一些代理人卖保险，客户会出于不信任在网上进一步查询，所以会出现这类保险搜索引擎。

"它最终的目的，是通过保险顾问推荐量身定做的保险产品来实现盈利。如果仅靠搜索引擎，像百度这类搜索平台都可以搜到一般的保险专业知识和词汇。"首都经贸大学保险系副主任李文中表示。

刘大勇认为，目前市面上用百度搜索存在一个问题，即搜索后会出现各家之言。这种情况下，如果平台能把内容管理好不是一件坏事。一旦变成流量入口，有人主动搜保险的问题，肯定是对保险感兴趣，后期平台会自然地把整条产业链运作起来。

上海交通大学安泰经济与管理学院助理教授李春晓认为，保险搜索引擎其实是想"走量"，之前的保险打单，其实客单价很高，因为需要人"一对一"营销，成本会相应增加，比如业务员要给客户一些礼品或者折扣等，而互联网保险产品价格相对便宜，同时降低了门槛，能吸引更多人购买。

记者注意到，目前，在"百保君"的页面上，内容可以分成两部分：一部分是有关保险知识点的问答，根据热度值依次排列；另一部分是搜索框、标签聚合（如"车险""社保"等标签）以及热点问题等。

值得一提的是，"百保君"平台还处于初始阶段，搜索到的内容大多未显示来源，业内人士认为，这样就无法确保内容的真实性和专业度。而以较为常见的"短期健康险"作为关键词进行搜索，只出现了一个题目为"商业险退保怎么办理？"的词条，而关于短期健康险的定义及其他相关内容均没有。目前在该平台能搜索到的内容较为有限，相对细化的内容也难以搜索到。而且"百保君"对外宣称的匹配到保险顾问进行"一对一"咨询，定制保险产品等也暂未实现。

对于被资本看好的原因，刘大勇认为，资本投资的标准未必就只是我们看到和其对外宣称的，有无其他原因外人不得而知。单从这个项目来讲，只是做保险搜索引擎，不算新项目。

二、引流难题

事实上，"百保君"并非首家保险搜索平台，保险搜索引擎还有如大家保保险网、保险大搜索、360 保险汇、富脑袋保险网等，但目前实现的效果都不太好。

其中，大家保保险网是上海财华保网络科技有限公司旗下的第三方平台，于 2011 年成立，2016 年实现 1 亿元 C 轮融资。目前在其某款保险产品的咨询页面，提供的咨询电话拨打过去已为空号，网页上提示的"大家保"公众号目前仅有 13 篇原创内容，而最新的一则推送时间为 2018 年 3 月 9 日。

保险大搜索平台显示着"每天更新"的保险新闻部分，能搜索到的文章停留在 2018 年以前，近两年推出的热门保险产品也没有在网站上更新，而网站对于保险方案、购买指导、业务员培训等方面的描述愿景也均未实现，网站目前暂停更新。

刘大勇认为，保险搜索平台做不好的原因是内容易被复制，平台虽然想通过快速整理内容做专业的回答和引流，但很容易被抄袭，然后便会失去竞争力，流量随之分散开。

"做保险搜索引擎在逻辑上成立，但是市场不大。目前保险销售实际上还是过度复杂，很多人还是要通过一个人面对面的讲解，然后不断地受到影响，才能完成成交。完全互联网化地靠自己去买的占比基数很小。其实我们自己也做过，包括在网上写一些东西，也会有人来问，这个过程会产生流量，也会产生保费，但是规模不大。"刘大勇进一步表示。

李文中认为，所有互联网平台都存在引流的问题，所以必须有一定的切入点，开始要找相对更知名、场景化更明显的产品切入，然后和大的平台合作来实现引流。

另外，如惠择网、小雨伞保险经纪、深蓝保、700 度保险网等这类互联网保险平台,都具备个性化保险推荐的功能,保险搜索引擎和这类平台之间也存在竞争关系。

刘大勇认为,如果保险搜索平台能做起来,要有一定的信任背书,能建立一些公信力。因为大家对保险产品本身还是有疑问的,带着疑问去搜索,有相对权威的机构能回答,本身流量成本还会低一点。

在引流的具体方式上,李春晓建议,可以从长视频、短视频平台入手引流,比如从微信、抖音、微博这些平台引过去,只要量够大,加上有大数据以及信息渠道的支持,整体的转化率并不会低于线下,同时还可以降低不确定性、增加信息透明度。

受访者:李春晓(上海交通大学安泰经济与管理学院助理教授)

记者:杨菲、郑利鹏

来源:《中国经营报》,2021 年 6 月 14 日

从前沿实践解读数字化管理

——误区与突破

路　琳　刘东畅

一、数字化：流行与误解

在数字时代,商业世界中充满了快速变化和不确定性,管理变得越来越复杂,管理者也越来越难以依赖经验。一方面,经验本身就掺杂了诸多偏见与成见;另一方面,在这样的背景下,经验来不及积累。同时,管理的复杂程度不断升级,使得组织对管理精准化的需求越来越强烈。因此,企业迫切需要一个比以往靠经验和直觉更科学、更有洞见的方法来指导实践,这也解释了为什么近两年企业都开始提数字化管理。但数字化管理在应用落地上会存在很大的问题,因为企业以往在管理工作中沉淀的人力资源数据太少,仅有的数据除了最基本的年龄、性别等人口统计学数据和司龄、绩效、薪酬等人事管理数据,就只有 IT 建设方面较为成熟的企业能用到的即时通信软件、邮件信息等数据,对个体的特质、行为、偏好、情绪、组织中的复杂现象、人际网络、交换关系等,都没有任何数据可用。这导致所谓的数字化管理,依然只能停留在基本的描述性分析上,很难做真正的预测性分析,即使用上机器学习等"黑科技",也是处于"巧妇难为无米之炊"的境地。而且因为当前机器学习结果的可解释性问题还没有完全解决,最终也很难得到因果层面的规律性结论。这既是意识和认知的问题,也是能力的问题,最根本的还是意识和认知的问题。

所谓意识和认知问题,通俗来说,就是"不知道自己不知道"。因为管理时尚和最佳实践在企业界的影响力的确太大,企业仿佛觉得自己只要搞来一套某某世界级标杆企业在用的流程和工具,就可以药到病除,变得精神抖擞、猛将如云,今天独角兽,明天IPO。因此,在企业中的组织和人才管理、人力资源领域的从业者,宁肯把时间花在咨询公司的PPT和培训公司的广告上,或者花在自己绞尽脑汁的假想中,也不肯静下心来认真读一套组织行为学的教科书,或者读一篇管理学的顶级期刊论文。究其原因,除了阅读能力的限制外,更重要的大概是后者无法给予号称"药到病除"的商业宣传。但所谓的"药到病除"真的靠谱吗?恐怕要打一个大大的问号,这中间往往是"因果颠倒"的陷阱在作祟。通常我们的正常逻辑都是从"因"到"果"的,因为企业做了什么事,所以得到了什么成果。但是在管理时尚和最佳实践的宣传中,却是反过来的:首先找到一堆从业绩表现和影响力来看最优秀的企业,然后再说它们做了什么,先讲"果",再讲"因",似乎只要商业成功,以往做过的所有事都是值得学习的经验,可实际上这个"果"和这些"因"之间,可能根本就没有明确的关系。由于信息不对称,真正的成功要素很可能在这样的因果倒置中被遗漏或者曲解。所以盲目跟风去学习,既不知己,更不知彼,根本就是无意义的。即便退一万步说,这个因果关系真的存在,可是在如今的数字经济时代,社会不断发生着深层次的变革,复杂性、不确定性、快速变化成为常态,任何过去成功的经验,在不经过验证的前提下直接照搬,也是对企业非常不负责任的做法。

这便是当前数字化管理概念的通病,即它被咨询公司努力打造成了一个新的"管理时尚"或者"最佳实践",变成一个放之四海而皆准的产品,似乎企业只要采购一个数据可视化的系统界面,呈现一下基本的组织和人才数据,或者用机器学习装模作样预测一下员工有多大可能性离职,就足以被称为"数字化管理"了。可是当企业花费巨资去买了这种更"漂亮"的数据呈现方式后,却发现这根本得不出什么有价值的定性结论,没有解决任何管理问题。追求效率是企业的天性,但跳过客观规律,简单追求效率,并不能解决所有问题。

诚然,类似这样的管理时尚和最佳实践所打出来的"药到病除,快速见效"的招牌,无疑是打动人心的。但这种"刻舟求剑"的做法,最多只能解释过去,而无法指导现在和指引未来,逼得越来越多的企业开始回归到对自身场景的探索和判断中去。也就是说,企业需要先通过研究更好地理解自己组织的特征和问题,建立能更精准反映组织现状的数字化模型,再去制定有针对性的解决方案。

对企业而言,这样做的确会比照搬管理时尚和最佳实践需要投入更多的精力和时间,但在数字经济时代,面对各种前沿的管理难题,真正想解决问题的企业,的确到了不得不拿出精力和时间的时候。

二、创新管理的历史难题:如何识别优秀的产品经理

产品经理,可谓是高科技企业的无冕之王。对企业而言,一位卓越的产品负责人,如苹果的乔布斯、微信的张小龙、抖音的张楠,能通过卓越的产品将技术和商业进行完美结合,获得商业成功,其价值绝不亚于一个优秀的CEO。但究竟什么样的人才能成为优秀的产品经理呢? 长期以来,众说纷纭,莫衷一是。原因在于产品经理的工作要求就是:在巨大的不确定性下,通过不断创新,寻找突破点,并推动团队带来价值实现。如何选拔与培养适配这种岗位的人才,一直是企业实践中的难点。以往,企业对这类人才使用的评价方式多是通过经验判断,也就是通过一个人的过去,预测其未来,然而,由于突破式的创新可遇而不可求,难以连续复制,这种传统的预测模式放到产品经理这样的创新人才管理中,效果将大打折扣。

字节跳动的创始人张一鸣就曾经公开表达过这种焦虑,他说:

"有一天我看到咱们 HR 写的招聘 PM(产品经理)的 JD(岗位介绍),特别生气。

有一条写着:有五年以上互联网产品经验,具有日活千万量级以上的产品规划和产品迭代实施经验。

我跟这个 HR 说,按照这个要求,陈林、张楠、我们公司一大批 PM,一个都进不来,连我自己都进不来。别说千万 DAU(日活跃用户量)产品了,他们加入前,连百万,甚至十万 DAU 的产品也没做过。

很多同事加入我们公司的时候并没有光鲜的背景或者很好的履历，公司的产品经理，有设计背景的、运营背景的，还有代码写不好的工程师转岗的。

我们招人一直秉承的观念，是找到最合适的人，特质是不是真正契合，关注人的基本面。学校、相关经历、title 都没那么重要。写这样的 JD 很容易，本质上是偷懒，要发现人的特质才是困难的。"

一方面，过去的经历与成就只代表过去；另一方面，企业迫切需要能尽早发现具有潜质的优秀人才，通过设计合适的机制，支持这些优秀的人更容易跑到终点、创造未来，把创新从一个小概率的事件变成大概率的结果。

作为创新企业的管理者，如果真如张一鸣所期望的，能够通过发现产品经理的特质，预测其将来的行为和结果，组织就被赋予了洞见未来的能力，创新人才管理这一仗的打法就能变得耳目一新。

三、解题团队：穿越虫洞的"未来组织实验室"

为了解答这一历史性难题，阿里巴巴在这次产品经理的人才标准制定工作中果敢创新，与历史上任何一次都不同。整个项目的主导者既不是咨询公司，也不是人力资源高管，而是阿里巴巴集团内部的一个神秘团队——"未来组织实验室"。花名"澄天"的阿里小二，就是这个团队的创始人。产品经理这个项目，后来被团队命名为"project rossen"，其中 rossen 借用的是物理学名词"爱因斯坦-罗森桥"，又称为"虫洞"，缘于产品经理的工作本质就像虫洞一样，是连接技术与商业两个世界的中枢。其实，"未来组织实验室"这个团队本身的构成也是穿越虫洞的结果，来自人力资源管理实践一线的阿里小二找到了上海交通大学安泰经济与管理学院的路琳教授研究团队，双方一拍即合，并肩作战。

在"未来组织实验室"的工作过程中，既没有咨询公司介入，也没有所谓的高层领导拍板，完全依据科学研究方法，依赖于从真实场景中获得的真实案例和真实数据。这个团队回顾了大量相关理论和文献研究，基于组织行为学的实证研究方法，通过为期两年、针对产品经理和其合作方几十个小时的深度访谈,投放和回收了上千份问卷,系统地采集了产品经理的特质,解码了产品经理创新的路径,建立了产品经理价值模型,连接起产品创新的关键行为与结果,并挖掘出组织文化和环境对产品创新的影响作用。

"未来组织实验室"通过理论与实践频繁碰撞、往复迭代的过程产生了一系列成果。阿里巴巴全公司的产品经理人才标准刷新,仅仅是用到了其中的部分研究结果。拿到实验室团队提供的模型后,人力资源部门针对某事业部产品经理的特质项进行了排序,并对排序前30%的人员的绩效数据进行分析,发现其中在绩效管理中被评为高绩效和高潜力的产品经理占比达到了2/3,而剩下的1/3,几乎全部都是入职1年以内、缺乏有效的绩效和潜力评估数据的新人(在剩下70%的人中,高绩效和高潜力的比例立刻就降到了1/4以下,因为绩效管理的结果是综合性并且强制排名的,不只与能力和表现挂钩,所以很难完全降到0)。在创新这件事上,组织开始遇见未来。

四、解题方法:基于实证的数字化管理

"未来组织实验室"引入阿里巴巴管理实践的是"实证研究方法"。其实,在管理学术研究界,实证研究方法并不是一个新概念。实证研究是从20世纪下半叶兴起的一种基于"假设—验证"原则的科学方法,强调管理学研究的结论不仅要言之成理,还要言之有据,而这个"据"不仅指证据,更是指数据。再往前追溯,就要回到当年伽利略站在比萨斜塔上扔铁球的故事。伽利略为了证明自己的理论,首先通过逻辑推导的方式,推翻了亚里士多德的理论。但这还只是一个假设,为了证明这个假设是正确的,他必须验证,即亲自把两个不同重量的铁球从一个高度同时松手,观测两者是否同时着地。回到管理学中,就是首先要通过大量的调研,结合文献研究,得出假设,建立研究模型,然后通过问卷或实验等方式,收集数据,通过统计分析工具验证模型,才能得出变量与变量之间的关系是否成立等结论。尽管实证研究方法在学术界已经是一种基本范式,但在当下热衷于追逐最佳实践和管理时尚的企业界,还很少有人知晓,更别说应用这一方法为企业分析和解决实践问题了。

除了"project rossen"这样的项目,"未来组织实验室"用实证化的研究方法,对更多实践中的管理问题进行了理论化分析。比如空降领导层的落地生根,互联网企业 HRBP 的工作模式,也包括新冠肺炎疫情期间员工在家远程办公时的工作投入度与效率问题。借助管理学中的实证研究方法,这个团队不断扩大着组织对自身、对人才的认知疆界。一些原本停留在学术界里的概念,被引入管理实践中,精准描述、解释、预测管理现象与原理。例如,在居家办公项目的研究中,我们发现,自我调节能力能帮助员工更好地应对工作环境和方式的变化,保持高投入和高效率。再有,通过工作重塑,远程办公可以变成员工对自己的工作进行反思及再次创新的机会。正值阿里巴巴价值观"新六脉神剑"落地,大家都在谈论其中"唯一不变的是变化"这一条的时候,"未来组织实验室"告诉大家,拥抱变化不只是一个价值观和态度问题,更是一个能力问题,而且这个能力还是可习得的,是组织可以对员工赋能的。

将实证研究方法引入企业管理实践,真正的价值,并不只是这些不断推出的研究成果,而是穿越虫洞后,管理研究者与实践者携手推翻所谓的企业"最佳实践"。以往的管理学习,都是去看标杆企业做了什么,比如在招聘、绩效管理、人才发展上有没有什么行之有效的创新,再来看哪些可以用在自己的组织中,但究竟这些实践有多大价值,能不能照搬,会不会水土不服,尚是未知之数。"未来组织实验室"告诉我们,所谓"最佳实践",是建立一套科学的方法,扎根企业自身的实践,帮助组织更好地认识自己、预测未来,这样从实证中产生的结论,才能帮助组织进行因地制宜的科学决策,创造出一套真正适应自己的具体场景的"最佳实践"。这套实践,才是他人无法照搬、复制无效的。

就实证方法而言,虽然对于比较复杂的命题,的确需要至少一年时间,但很多相对简单明确的项目,在更短时间内也能呈现出有价值的成果。当基于实证的数字化管理实现以后,大量数据得以不断积累和沉淀,工具得以不断完善,人才得以训练和培养,效率和价值会随着认知的不断深化变得越来越高。

深度思考了基于实证管理的数字化管理与时间、价值之间的关系后,我们画出了一条管理实证化价值曲线来说明这个问题。过往基于管理时尚和优秀实践的企业管理变革,虽然在不断引进新的管理方法和工具,但由于企业内部组织和人才领域、人力资源领域的管理者、专家等,对组织并没有深刻和精细化的认知,依旧停留在经验和直觉上,所以对管理方法和工具的引进缺乏鉴别力,常常出现引入之后水土不服而弃之不用的情况。同时,经验和直觉在这个充满不确定性、复杂性和快速变化的时代越来越难以积累,所以企业长期困顿在这样的模式中,组织变革很难持续实现显著价值;反而因为组织规模和复杂度不断扩大,流程的过度泛滥,导致组织变得越来越官僚,部门墙越来越厚重,决策和反应越来越迟缓,形成所谓的"大公司病"。而管理实证化的核心,首先是看清楚并证明问题所在,并给出简单直接的解题方法,还能在之前成果的基础上不断深化研究命题和内容,以"如无必要,勿增实体"的奥卡姆剃刀原则不断推动组织的精确变革,形成一条全新的价值曲线。

作者:路琳(上海交通大学安泰经济与管理学院教授)、刘东畅(原阿里巴巴集团"未来组织实验室"负责人)

来源:《清华管理评论》,2021 年 6 月刊

新发展阶段的城乡和区域发展

陆　铭

　　"十四五"时期是我国全面建成小康社会、实现第一个百年奋斗目标之后,乘势而上开启全面建设社会主义现代化国家新征程、向第二个百年奋斗目标进军的第一个 5 年,我国将进入新发展阶段。作为一个发展中大国,面对国内外复杂多变的发展环境,"十四五"期间如果能够在城乡和区域发展方面解决一些体制性、结构性问题,将会产生巨大的"制度红利",为高质量发展注入新的动能。

一、城乡和区域发展的结构调整空间

　　对于中国这样一个发展中大国而言,城乡和区域间的平衡发展是一个至关重要的目标。但长期以来,社会各界对于如何实现城乡和地区间的平衡发展存在一些认识误区。比如,认为平衡发展就是要防止经济和人口过度集中,在政策上需要通过行政力量的干预来实现城乡和区域经济的"平衡"发展。这种平衡发展的本质是追求人口和经济的均匀分布,与现代经济高效集聚的客观规律是矛盾的。

　　经济和人口集聚于少数发展条件好的地区和大城市周围的都市圈,是全球普遍存在的现象,这是规模经济的具体体现。遵循规模经济,优势地区的人口和经济活动的承载力会不断增强。因此,全球范围内出现了这样的趋势:人口和经济活动逐步从农村向城市转移,并且从小城市向大城市及周围都市圈集中。在这一过程中,借助人口自由流动,每个地方的地区生产总值在全国占比与其人口占比趋于一致,城乡和地区之间将实现人均收入和生活质量的趋同,这才是真正有意义的平衡发展,这一过程可以概括为"在集聚中走向平衡"。

人口和经济向少数地区的集聚,常常引起人们对于欠发达地区如何发展的担忧。实际上,全球的普遍规律是,随着经济发展水平逐步提高,地区之间的人均 GDP 差距将经历先上升后下降的过程。在早期,地区之间的人均 GDP 差距会有所上升,这是因为发达地区已出现了规模经济效应,人均收入提高较快,而欠发达地区仍然存在大量剩余劳动力,人均收入提高较慢。但最终,地区间的人口自由流动将使地区间的人均 GDP 差距缩小,因为欠发达地区随着人口流出,人均资源占有量提升,农业实现规模经营,能够专业化地从事农业、旅游等产业。当前,中国的地区间差距虽然仍然较大,但已出现下降趋势,其中,既有长期转移支付带来的效果,也有人口流出导致欠发达地区人均资源占有量上升的因素。习近平总书记在 2020 年 8 月扎实推进长三角一体化发展座谈会上指出:"不同地区的经济条件、自然条件不均衡是客观存在的,如城市和乡村、平原和山区、产业发展区和生态保护区之间的差异,不能简单、机械地理解均衡性。解决发展不平衡问题,要符合经济规律、自然规律,因地制宜、分类指导,承认客观差异,不能搞一刀切。"①

由于长期存在的体制性和结构性问题,我国的城市化和城市发展仍存在多方面滞后。数据显示,与世界上处于同样发展阶段的国家相比,我国的城市化率偏低约 10 个百分点。在国际上,人口越多的国家,其大城市(或都市圈)人口规模越大,相比之下,我国排名前 30 位的都市圈发展仍未达到与人口大国相匹配的规模。在城市中,有大约 30% 的常住人口是外来人口,有待实现市民化。在个别超大城市,非本地户籍外来人口的一半已经居住超过 5 年,约 20% 居住超过 10 年。根据上述情况,我国城乡和区域发展仍存

---

① 新华社.习近平在扎实推进长三角一体化发展座谈会上强调:紧扣一体化和高质量抓好重点工作 推动长三角一体化发展不断取得成效[EB/OL]. (2020 - 08 - 22)[2020 - 09 - 02]. http://www.gov.cn/xinwen/2020 - 08/22/content_5536613.htm.

在结构调整的空间，比如，在一些城市人口集聚度可进一步加强，低密度的城市建设模式可以进一步提升。

二、新发展格局背景下的城乡和区域发展

在 2020 年 8 月 24 日举行的经济社会领域专家座谈会上，习近平总书记再次提出，要推动形成以国内大循环为主体、国内国际双循环相互促进的新发展格局。强调新发展格局绝不是封闭的国内循环，而是开放的国内国际双循环。[①] 从城乡和区域发展的角度来看，以人口、土地、资金等生产要素市场的改革为突破口，促进城乡和区域发展的空间结构调整，有利于国民经济大循环的畅通，释放经济增长的内需潜力，形成需求牵引供给、供给创造需求的更高水平动态平衡。

第一，城乡和地区间收入差距的缩小有利于促进消费。高收入者的边际消费倾向较低，因此，收入差距扩大不利于消费增长。在我国，收入差距最为重要的构成就是城乡和地区间的收入差距。人口的自由流动有助于提高流动人口的收入水平，缩小城乡和地区间的收入差距，从而能够促进消费。

第二，集约化的城市发展和外来人口市民化有利于服务业的发展。我国服务业 GDP 占比与发达国家历史同期相比低大约 10 个百分点，这与城市低密度的建设模式有关，也与户籍制度制约了外来人口消费有关。通过城市集约化、紧凑化发展，推进外来人口市民化进程，可以促进消费增长，使服务业占比提升 3～5 个百分点。

更高效、更协调的城乡和区域发展，不仅有利于形成以国内大循环为主的双循环发展新格局，而且可以促进经济的外循环，两者并非此消彼长的关系。原因有二。一是加强人口和土地的空间匹配可以降低成本。如果人口能够更为自由地在城乡和地区间流动，就可以更有效地利用人力资源，缓解

---

① 新华社.习近平主持召开经济社会领域专家座谈会并发表重要讲话[EB/OL].(2020 - 08 - 24)［2020 - 09 - 03］. http://www.gov.cn/xinwen/2020 - 08/24/content_5537091.htm.

发达地区的劳动力短缺现象,有利于降低人口流入地的劳动力成本。二是城市化有利于乡村振兴和提升农业的国际竞争力。在城市化进程中,农村人口持续减少是必然现象,这有利于增加农村地区的人均资源。当前出现的一些农村留守老人、妇女、儿童等问题,并不是城市化的方向错了,而是因为城市化进程中存在着一些障碍(比如户籍制度),使得农村转移人口不能在城市及时获得同等的公共服务,制约了举家迁移。因此,未来的乡村振兴应持续走"人出来、钱进去"的发展道路,在人口城市化进程中推进农业规模化和现代化,提升农业的国际竞争力。

三、城乡和区域发展的政策建议

人口向中心城市周围的都市圈及沿海地区集聚,是城乡和区域发展的客观规律。为此,建议加快实施围绕中心城市的都市圈和城市群发展战略,促进各类生产要素合理流动和高效集聚,在集聚中走向平衡,在发展中营造平衡。

第一,强化都市圈的增长极作用。在城市群发展进程中,根据规模和功能定位差异,围绕中心城市建设半径30～80公里不等的都市圈,以轨道交通连接起都市圈内的中心城市和周边中小城市,强化其增长极作用。在人口流出地,利用比较优势加强专业化分工,提高人均资源占有量和人均收入,推进农业规模化和现代化,提升农业的国际竞争力。

第二,深化户籍制度改革,促进人口流动。城乡和地区间更为自由的人口流动,可对冲人口红利总量下降的负面影响,有利于提高劳动力资源的利用效率,缓解城市(特别是发达地区的大城市)的劳动力短缺。随着经济发展水平的提高,服务业占比将持续提高,可以创造大量就业机会,特别是有利于低技能劳动力充分就业和缓解贫困。

第三,加强流动人口子女的教育投资。加强在人口流入地的教育均等化,促进留守儿童和进城随迁子女在城市获得更优质的教育,既有利于流动人口家庭团聚,又有利于人力资源大国建设。特别是在超大城市,人口老龄化和产业集聚带来了大量劳动力需求,而面向外来人口子女的教育资源严重不足。对此,建议通过政府、市场和社会三方协同,增加教育投入。

第四,增强土地和住房管理的灵活性。土地和住房供应要与人口流动方向相一致,真正做到需求牵引供给、供给创造需求。建议在人口持续增长和房价高企的城市加强低效利用的工业和商服用地向住宅用地灵活转换。在人口流出地区做减量规划,使人口流出地区闲置的建设用地和农村宅基地复耕产生的建设用地指标,在更大范围内进行跨地区交易和再配置,提高农民在指标异地交易中的收益。

第五,公共服务和基础设施的供给优化。从供给侧加大改革力度,在人口持续流入的大城市和都市圈,优化公共服务和基础设施的数量、质量、结构和布局。相关投资既可直接拉动经济增长,又拥有可持续的回报,还可以缓解"城市病",实现经济增长、生活宜居和社会和谐的目标。

作者: 陆铭(上海交通大学安泰经济与管理学院教授、中国发展研究院执行院长、中国城市治理研究院研究员)

来源:《光明日报》,2020年9月8日

互联网医疗企业：到国家和
人民最需要的地方去

罗　俊　　徐婉迪　　陈烨欣

近年来,互联网医疗企业如雨后春笋般涌现,尤其是 2020 年年初暴发的新冠肺炎疫情使得互联网医疗的优势被进一步发掘,国家卫健委连续发文推动互联网医疗的加速应用,政策利好促进互联网医疗的规模和影响力快速壮大。但是互联网医疗企业的商业模式仍处于发展的初级阶段,亟待深入探索与试验。

作为发展前提,互联网医疗企业首先要恪守医疗行业规范,履行社会责任,同时注意风险防范。只有明确医疗须服务大众,理应到国家和人民最需要的地方去,才是互联网医疗企业的可持续发展之道。

现阶段的互联网医疗企业主要围绕药品、内容和疾病提供医疗服务。围绕药品提供医疗服务的互联网医疗企业,通过将药品咨询、找药、购药、处方开具、用药管理等医药服务线上化,形成类似"在线外卖"的平台经济模式,其发展已趋成熟。围绕内容提供医疗服务的互联网医疗企业,主要通过"互联网诊疗平台"整合医生资源,提供文字、语音、视频、直播等问诊服务,如春雨医生和丁香园等。未来,该模式可以进一步演化成两类更复杂的共享服务:一是"移动医疗手术平台",整合患者、医生及医院信息,利用大数据、人工智能等技术,为患者匹配合适的医生、医院以接受手术治疗;二是有自己的医疗资源,诸如诊室、体检中心、VIP 诊疗中心、日间手术室,为区域内三甲名医乃至全国资深专家提供场所的"多点执业共享平台"。围绕疾病提供医疗服务的互联网医疗企业,将挂号、复诊预约、名医预约等医疗服务线上化,有助于解决患者"看病难"的问题。

但是,供需矛盾突出是我国医疗长期面临的根本性问题。受制于区域间经济水平差距,医疗资源在地区间分布不平衡、不充分,分级诊疗推进不彻底。来自国家卫健委的数据显示,2018年我国三级医院数量仅占医院总数的19%,却承载了全国49.8%的医疗需求,优质医疗资源十分紧张。

在这一背景下,互联网医疗企业的发展更应该为缓解供给侧的不平衡提供支持。但是,企业必然以盈利为目的,如何平衡盈利和社会责任并进行风险防范尤其重要。

由于医院承担着治病救人的社会责任,追求的是社会福利最大化,若互联网医疗企业在与医院合作的过程中,一味逐利,将医疗资源变成一种高端资源,背离了最广大人民群众的基本需求,势必造成企业与医院合作关系的破裂,最终反噬企业自身。

因此,互联网医疗企业需要平衡好盈利和社会责任,严格遵守医疗行业的规范要求,全面提高合规意识,完善并落实内控制度,在履行社会责任的前提下,追求利润最大化。这不仅能保障互联网医疗的安全性,也是互联网医疗企业风险防范最直接有效的手段。

互联网医疗企业在其运营过程中,除一般企业常见的市场风险外,还面临着医疗事故风险、信用违约风险、信息安全风险、政策风险等。一是信用违约风险的主体有所增加。首先,互联网医疗平台也可能成为违约主体;其次,患者具有分散程度高、数量大的特点,且医生、医院等具有多主体性,使得违约主体数量显著增加。二是信息安全风险更为突出。在医疗资源组织和整合的过程中,大量医患数据被收集并储存于互联网平台,带来了信息安全风险。

同时,互联网医疗企业与医生、医院之间在建立合作关系前必须明确如何分担风险、分享利润,尤其是在协议中要对医疗事故风险、信息安全风险及隐私保护、政策风险等潜在风险及责任承担进行合理且明确的划分。在此基础上,政府需要加强对互联网医疗企业及医生、医院的监管力度,并出台相关政策和法律规范,规制各方行为,控制风险的发生。

在"长三角一体化"的背景下，互联网医疗企业可以在长三角地区进行试点，大胆探索新的商业模式，深化医疗资源在区域内的共享程度；同时可以另辟赛道、面向基层，通过互联网技术优化配置医疗资源，缓解医疗资源地区间不平衡带来的供需矛盾。

作者：罗俊（上海交通大学安泰经济与管理学院教授）、徐婉迪（上海交通大学安泰经济与管理学院学生）、陈烨欣（上海交通大学医学院学生）

来源：《文汇报》，2021 年 3 月 30 日

候鸟式养老渐流行，哪里才是避暑好去处[*]

罗守贵

候鸟式养老渐成风尚，被越来越多的老年人所接受，那么，理想的去处有哪些？

夏天可去昆明、贵阳、青岛避暑，冬天可去广州、海口、厦门避寒——上海交通大学安泰经济与管理学院罗守贵教授团队基于对养老行业的研究，给出了"参考答案"。前3座城市正是罗守贵团队2021年7月18日公布的2021中国候鸟式养老夏季栖息地适宜度指数中排在榜单前3名的城市，而后3座城市则是2020年年底公布的候鸟式养老冬季适宜栖息地的前3名。

"中国南北两端距离4 000公里，纵跨纬度50度、3个气候带，加上数量众多的高原和山地，垂直气候差异十分明显。即使是炎热的夏季，也能在传统的避暑胜地之外，找到众多消费合理、生活方便的清凉避暑地。"罗守贵教授关注候鸟式养老现象已久，2021年是他们团队第三年发布候鸟式养老适宜栖息地榜单。

调查显示，昆明、贵阳、青岛、西宁、大连、哈尔滨、威海、银川、长春、庐山为排名前10位的夏季候鸟式养老城市。

值得注意的是，在2021年进入榜单的75座城市中，云南的昆明、大理、玉溪、丽江、临沧和贵州的黔西南州（兴义）在冬季候鸟养老城市榜单中也同

　＊　本文采访者为姜澎。

样上榜。

解读这份榜单时，罗守贵教授直言：老龄化社会在给我们带来新产业发展机会的同时，也给我们的城市治理和产业发展带来了挑战。

一、75 座入选城市，7 月份日均气温基本不超过 30℃

在炎热的夏季，许多临海城市、较高纬度或较高海拔的城市成为候鸟式养老的主流选项。

罗守贵教授介绍，不少老人通常在这些城市度过 7、8 两个月，还有人从 6 月中旬开始入住，直到 9 月中旬才离开。

过去，承德、昆明、贵阳、青岛、烟台、哈尔滨、大连等是夏季候鸟式养老的主要目标城市，而现在，逐渐热门起来的夏季候鸟式养老城市已不再局限于这些热门避暑地。

此次罗守贵团队选取的 75 座城市，在最热的 7 月份大多数日平均最高气温不超过 30℃，主要在云南、贵州、青海、江西、宁夏、山西、山东、河北、辽宁、吉林、黑龙江、内蒙古、西藏、四川、湖北、新疆等 16 个省份。

夏季候鸟式养老候选城市首先来自纬度较高的地区，北纬 40 度以北的大多数地区，夏季气温虽然不低，但是太阳辐射不那么强。这些城市主要在东北地区，此外还包括少量西北地区的城市，如新疆的伊犁、阿勒泰等；还有海拔相对较高的地区，多集中于云贵高原和内蒙古高原的中部和东部；同时，还包括东部和中部地区因特殊的地形地貌或沿海洋流条件形成的夏季"低温岛"。

二、旅居式养老，正在形成一个巨大市场

根据我国第 7 次人口普查数据，截至 2020 年 11 月 1 日，60 岁及以上人口达 2.64 亿人，占总人口的 18.70%，其中 65 岁及以上人口为 1.9 亿人，占总人口的 13.50%。有机构研究预计，到 2050 年，我国将有接近 5 亿老年人。

"随着医疗健康水平的提升，不少老年人在退休后，仍然有 10～20 年的

活力期,而旅游正是老人退休生活的一项重要内容。"罗守贵说,如此庞大的老龄化群体,为旅居式养老创造了一个巨大的市场。

事实上,在不少地区,候鸟式养老已成为一个重要产业。2021年2月,罗守贵又一次前往海南、广西等地考察,有不少新发现。比如,在广西防城港,这个只有20万人的小城,每年"十一"以后就陆续有七八万来自北方的老年人像候鸟一样从北回归线以北飞入了小城的宾馆、民宿,或入住到自己早已租住的居民小区里。在海南,单从酒店数据来看,冬季有20%左右的住客是老年人。更不用说,有不少老年人出于养老考虑,已在当地置入房产,或入住老年公寓。

值得一提的是,不论是冬季还是夏季,候鸟式养老并非"有钱人"才能够承担。罗守贵算了一笔账:以昆明的中档养老公寓为例,如果租一套两室一厅的公寓,4个月的房租大约8千元;无论从哪里到昆明,交通费两三千元足够;再加上其他开销,总计花费约2万多元。"应该说,这是大多数健康的退休老人都能够承担得起的开支。"罗守贵说。目前,在广西、海南等部分地区,已推出了不少针对老年人的房地产项目。

三、人口潮汐式涌入,给城市治理带来新挑战

"在不少候鸟式养老城市进行考察时,我们也发现,这一养老方式仍然面临诸多挑战。"罗守贵团队每年都会根据调查数据为老人提供候鸟式养老手册,同时也希望给候鸟式栖息地相关城市和各类养老机构提供参考。

候鸟式养老又被称为潮汐式养老。简言之,"涨潮"时城市很热闹,一下子新增的老年人口,给医疗、社会治安管理等都会带来问题;而"落潮"时,则又会空出许多设施和房屋。以海南为例,每年10月到次年4月,有将近200万人涌入,如何满足他们的需求,并且在这些"候鸟"离开后,如何更好地对相关设施和房屋加以利用,这些都是现实的挑战。

罗守贵称,包括夏季和冬季的候鸟式养老,每个栖息地的情况都不同,很难有一个统一的模式让所有的榜单城市参考。

调查显示,夏季养老往往为期1~2个月,有明显的旅游指向,且活力老

人居多。事实也表明,此次上榜的这些夏季候鸟式养老城市大多数是自然、人文景观更丰富的城市。相比之下,冬季养老更多是出于生活方面的考量。调查发现,冬季候鸟式养老的老人往往一住就是4～6个月。显然,这对于养老社区的配套服务设施和医疗条件等都提出了更高的要求。

罗守贵认为,这些既需要研究机构进一步调查、支招,也需要当地城市加以研究、应对。

受访者:罗守贵(上海交通大学安泰经济与管理学院教授)
记者:姜澎
来源:《文汇报》,2021年7月19日

激发消费原动力需要三方发力

吕　巍

在新冠肺炎疫情防控常态化的当下,消费呈现新走势:卫生、防疫、品质饮食、运动健身和居家产品成为重点消费领域;疫情后有 67% 的人会习惯线上购物;男性比女性对消费更乐观;青年的消费欲望变化比较大,中年人保身体,老年人愿意花钱享受生活……

当下,为了应对疫情造成的经济下行风险,世界各国陆续推出经济救助政策,主要体现在三个方面:一是推行无底线量化宽松政策,增加流动性;二是对个人或家庭提供经济救助;三是对企业进行专项注资扶持。

在中国 2020 年的政府工作报告中,罕见地没有提出国内生产总值(GDP)增长的具体目标,政府重中之重在于保民生、保就业。

近 30 年来我国经济发展的三驾马车发生了结构变化,2019 年,消费作为经济增长"主引擎"的作用进一步巩固,对 GDP 增长的贡献率接近 70%。这可以说是中国经济结构的良性变化。激发消费符合决战脱贫攻坚、决胜全面小康的国家战略目标,也符合广大人民群众对美好生活的向往。

中国消费者的心态也有所变化。疫情前,中国经济总体平稳,消费趋势指数持续保持高位运行,其中,就业预期对中国消费指数贡献最大。近年来,中国消费的坚挺主要依赖中等收入群体、三四线城市及女性消费的崛起;而新技术(线上渠道等)、新产品(消费信贷服务等)、新商业模式(新零售、共享经济)的不断涌现,进一步刺激了中国消费市场的增长。

为了了解中国消费趋势,交大安泰经济与管理学院联合库润数据和协多咨询在 2020 年 4 月上旬进行了全国性的大规模样本调查,合作发布了《中国疫情后期消费洞察研究》。在消费能力方面,34％的受访者预期 2020 年的收入会明显下滑,但是 63％的受访者预期 2021 年的收入会上升。2020 年,包括女性、80 后等在内的中国消费主力军的消费心态出现了较大变化。在消费意愿方面,36％的受访者预期 2020 年的消费支出会下滑,但是 42％的受访者预期 2021 年的消费支出会上升。从品类来看,消费者将"节衣",但不缩"食、用、行"。消费升级依然是大家关心的重点。

消费出现了七大新走势。

第一,卫生、防疫、品质饮食、运动健身和居家产品成为重点消费领域。第二,在线消费深入民心。疫情后有 67％的人会习惯线上购物,同时新兴在线内容迅速获得青睐,消费者纷纷加入"云生活"。第三,男性比女性对消费更乐观。男性对收入恢复与预期消费增长的预期高于女性;从消费品类来看,男性更乐于买车,而女性更乐于买房。第四,青年消费欲望变化比较大,预期消费增长最低,46.7％的中年人愿意增加营养保健品支出,51.8％的老年人愿意花钱享受生活。第五,一线城市看未来,二线城市重生活,三四线城市谋发展。一线城市的人愿意花更多的钱来培养子女;二线城市的人更愿意花钱提升生活品质;三四线城市的人对职业培训需求最大。第六,各群体消费观念都更加理性、保守,会更有计划,减少超前消费和冲动消费,甚至减少消费,增加储蓄。第七,"降息、补贴、增加就业机会"更能增强消费信心。降息排第一位是因为中国个人家庭资产中,住房资产占了一半以上,而房贷对消费者来说是很大的开销,所以降息对增加消费信心帮助很大。

激发消费的原动力需要三方发力。

首先是政府端,"保"仍然是当前的主基调。在疫情防控常态化的当下,政府一要精准施策,确保疫情防控的胜利成果;二要为中小企业"搭台唱戏",为企业减负;三要通过对不同的家庭和群体发放经济补助或消费券、房贷降息、适当降低个税等方式,释放消费需求,激发消费活力。

其次是企业端,企业需要敏锐洞察消费趋势。一是把握消费升级的机会,为消费者提供具有竞争力的优质产品;二是迎合消费渠道转型,打通线上线下营销渠道;三是满足人们理性消费催生的对产品更高的期望值与价值感;四是积极探索商业模式转变,整个供应链正处于重新架构阶段,企业应积极利用自身优势和技术发展重新架构新的商业模式。

最后是消费者端,消费者需要树立健康的消费观念,要对中国经济和消费抱有信心,并且做好长期抗疫战斗的准备,进行更健康、合理的消费;同时,注重强身健体、丰富生活、提升自我。

滚滚江水,来自源头动力;经济维稳,依赖消费重启!

作者:吕巍(上海交通大学安泰经济与管理学院 AI& 营销研究中心主任)

来源:《文汇报》,2020 年 8 月 5 日

论银行转型在构建新发展
格局中的基础性作用

潘英丽

中国银行业是中国金融业的主体，并且有创造多倍货币的功能。股市的健康发展对核心技术的突破和产业前沿的拓展有关键作用，而银行转型对推动巨大的存量经济转型、化解系统性金融风险，以及促进更高质量、更有效率、更为公平和更可持续的发展具有基础性作用。

在构建新发展格局中，为促进银行转型，要求政府实施控制货币与信贷增长速度、放开银行无风险非银行收费业务的政策；推进行政体制改革，退出银行的第二财政功能；完善金融机构承担社会责任的相关法律及监管，提高金融的普惠性质；创造良好的制度环境，促进优秀企业组织和优秀银行家快速成长。

一、银行转型要求哪些制度变革与政策调整

第一，控制货币和信贷的增长速度，创造稳定的货币环境，并放开商业银行无风险非银行收费业务的经营。一是将货币增长率控制在与经济潜在增长率和规划的资产货币化规模相适应的水平。二是需要控制银行资产或信贷的增长率，将其控制在稳态经济增长率水平以下。三是控制信贷增长速度的政策必须与放开无风险非银行服务收费业务构成相辅相成的政策组合。

第二，转变政府职能，退出金融的第二财政功能。地方政府需从地区经

济经营者向市场秩序维护者转变,其立场需要从帮助企业筹资或逃废债务转向保护投资者和债权人权益。同时,近中期应以中央政府为主发行永续债,提供转型期要求的公共服务供给。

第三,健全提升金融普惠性质的基础制度。一是构建个人和企业信用数据的共享数据库,确立规范有序使用私密信用的法律体系;二是完善金融机构承担普惠金融等社会责任的相关法律及监管制度。

第四,健全长期投资的制度环境。一是需要健全培育有效率企业组织的制度。培育好企业,需开展多方面的制度变革。二是需要拓宽产业投资渠道,内循环为主体的产业发展应坚持以人为本。三是需要为银行家和金融投资家人才的培养和选拔提供更宽松的发展环境。

二、银行转型是推动经济转型、构建新发展格局的基本动能

社会分工的复杂化是现代金融存在的基本缘由,也促进了金融服务业自身日益复杂的分工。与农业社会的家庭余粮相对应,如今的家庭储蓄也是社会可用于扩大再生产的剩余产品。但是在货币经济中,储蓄采取了货币资本或资金形态,表现为对社会稀缺生产资源的支配和使用权。金融业就是对社会资源的支配和使用权进行中介和配置服务的行业。

现代货币经济的复杂性与央行和商业银行的货币创造功能相关。在私人投资需求低迷而社会生产资源闲置的背景下,银行体系的货币创造可驱动生产资源的利用,实现增长与充分就业的目标。在没有闲置资源可投入时,过度的货币创造就会导致宏观杠杆上升、资产泡沫膨胀和贫富加速分化,并使社会经济以算总账的方式出现危机或硬着陆。因此,实现与经济增长潜能相匹配的货币增长并提高金融业配置资源的有效性是现代货币金融理论的两大核心课题。中国银行业的重要性不仅在于其货币创造功能,还在于其金融主体地位。

1. 金融结构和产业结构的失衡

国民经济可分为家庭、金融、产业和政府四大部门。在我国,家庭储蓄主要存入有国家信用支持的银行,而银行实行抵押政策,中长期贷款主要流

入制造业、房地产和地方政府基础设施建设等重资产领域。银行业为工业化前、中期的经济高速增长做出了积极贡献,也推动了中国家庭居住条件的改善。但是,举债投资拉动型的增长模式也造成这些行业的过度投资和产能过剩。中国加入 WTO 后,海外市场的开发使中国投资拉动型增长模式的潜能得到充分释放。但是随着实体经济部门债务杠杆不断增加以及国际环境的复杂变化,中国借助杠杆并依赖海外市场消化产能的增长模式已不可持续。可以预见,中国未来 10 年都将面临去产能、去杠杆的收缩和以产业升级、效率提升为特征的转型。

与银行业过于庞大相对应的是中国股市过于狭小和脆弱,无法促进高科技、轻资产产业和现代农业的发展,造成关键技术卡脖子,内部消费升级需求难以得到满足。当前,引入注册制和常态退市制度的改革已成为中国经济转型的突破口,股市和新经济有望相互促进,实现快速发展。

在 2020 年 10 月末社会融资总额的存量结构中,银行信贷占比为62.2%,银行还在委托和信托贷款中发挥通道作用,并且是政府债券的最大投资者。股票融资占比仅为 2.9%。引入科创板和注册制后,企业上市节奏明显加快,但上市企业融资规模相对较小,2020 年前 10 个月股票融资在新增社会融资增量中占比仍只有 2.3%左右。可见,股票市场的健康发展成为攻克关键核心技术、拓展产业前沿的突破口,但是对巨大的存量经济而言,只有银行转型才能推动经济转型,成为构建新发展格局的主要力量。

2. 银行转型促进更可持续、更安全的发展

中国金融资产规模与 GDP 之比已与美欧相差无几。截至 2019 年年底,中国金融资产规模为名义 GDP 的 437%,美国的这一比例为 462%,欧元区为 481%,日本为 542%。

但中国金融资产的结构则与发达经济体存在显著差异。截至 2019 年,中国的银行资产、股票市值和债券余额在金融资产总额中的占比分别是67%、13%、20%,美国是 18%、37%、45%,欧元区是 55%、15%、30%,日本是 40%、20%、40%。从银行结构占比与金融资产相对于 GDP 的规模可推算出欧元区银行资产占 GDP 的比例为 262%,日本和美国分别是 204%和83%,中国为 292%。数据显示,截至 2020 年 6 月末,中国的银行总资产额

已达 309 万亿元,约为 GDP 的 3 倍,在主要经济体中排名第一,绝对额已是全球第一。

银行体量过大带来的问题是宏观经济的杠杆率过高,导致实体经济部门债务和利息负担过重。重资产行业产品销路不畅即会导致债务违约,短期可以借新还旧,但债务雪球越滚越大,终将难以为继。截至 2019 年,中国实体经济部门的负债率已达 GDP 的 259%,远高于新兴市场经济体的 196%,已处在美国的 254% 和欧元区的 262% 之间。目前,中国房地产、过剩产能行业以及地方政府的违约风险已高度积累。

近年来,社会日益关注银行业高利润和产业资本脱实入虚的问题,因此,本文对广义利息起源及其分配问题进行相应分析。

研究发现,储蓄是对剩余产品和稀缺生产资源的支配和使用权。经金融体系的有效中介与配置,这部分生产资源从闲置或低效率使用状态转向为成长性产业高效率使用,进而在社会资源总量不变的条件下创造出社会新增财富。这个新增财富就是全社会的剩余价值或广义利息,它在产业部门产生,却源于社会生产资源配置的优化和更高效率的使用。

有三个利益集团参与社会新增财富的分配。一是资源闲置或低效率使用的家庭部门。家庭储蓄者参与新财富分配的理由在于:家庭是投资的最终委托人,金融机构和企业都只是投资与生产经营的代理人;家庭让渡储蓄资源成为社会资源优化配置的前提条件;社会由家庭组成,以家庭为单位的社会消费是社会生产的最终目的,也是产能有效利用和经济持续增长的前提条件。随着国家富裕程度的提高和人口呈现老龄化趋势,在消费的决定因素中,与工作收入相比,财产性收入的重要性会相应上升。二是金融业通过中介服务实现了社会资源配置的优化,这是金融业分享新增财富的法理基础。金融业本身并不直接创造财富,但金融业拥有引领产业和经济发展方向的特殊地位,金融体系的有效性决定了社会资源配置的有效性;反之,金融体系的扭曲与低效率则会导致资源的错配浪费,引起产业结构失衡以及贫富两极分化。三是创造财富的高效率生产部门理应获得新增财富的重要组成部分即正常利润,其中,技术领先或创新性企业还可以拥有超额利润。

全球范围需要健全制度,促进金融业在实现资源配置优化的过程中获取合法或正当的收益,同时需要防范金融集团通过操纵市场或行政垄断在未能优化资源配置甚至扭曲资源配置的情况下获取巨额利润。

目前中国企业负债额在 GDP 中的占比已是全球最高,而家庭负债额占可支配收入的比例已达 102%,与日本 1990 年经济泡沫破灭、美国 2007 年次贷危机暴发时的相应占比十分接近。因此,短期稳杠杆与长期去杠杆是防范系统性金融风险、实现经济可持续发展的重大任务。

去杠杆实际上是一个银行产能收缩的过程。从美国的历史经验看,市场化的调整是以银行大量破产退出的方式实现的。从中国的国情看,如此市场化去杠杆是中国社会经济所不可承受的。因此,主动的稳杠杆和去杠杆政策要求银行业在资产低增长甚至无增长的背景下实现内涵式发展,以服务收入消化坏账压力。

3. 银行转型促进更高质量、更有效率和更为公平的发展

资金是对社会稀缺资源的支配和使用权,资金配置的有效性决定了资源配置的有效性。

银行通过金融科技赋能可以更有效地分辨企业的先进与落后、成长与衰退的差异,培育优秀企业,淘汰落后产能,促进产业升级,实现供求平衡和相互促进的高质量发展。

银行从资产扩张转向泛银行高品质服务,可有效避免融资过程中的机会主义行为及其所导致的不良资产积累和社会贫富分化,可避免地方政府低效率的经济活动和房地产泡沫的过度膨胀,可盘活资本存量,帮助企业解决发展痛点问题,提升整体经济效率。

银行网点与亿万家庭相伴相随,是普惠金融服务的最佳物理网络。银行非金融服务业务的开发能更好地服务社会,减轻实体经济部门承担的债务成本,促进新财富在家庭、金融、企业和政府四大部门之间的合理分配。

三、银行转型的方向与路径

1. 构建新发展格局的经济转型对金融转型的要求

构建新发展格局对经济转型提出的要求决定着金融和银行转型的方

向,可从需求侧和供给侧两方面把握经济转型要求。

总需求的战略调整体现为从外需转向内需,从投资需求转向内部消费需求。投资具有短期的资本品需求和长期产能扩张的两重性,在地方政府招商引资的竞争中极易导致产业同构化与产能过剩。消费需求与收入关系相对稳定,刺激消费需求要求在缩小贫富差距、推进公共服务方面推进制度变革,投入更多的公共资源。投资重在补短板以适应消费和产业升级的发展需要,并从固定资产投资转向人力资本和高科技投资,从注重增量投资转向注重存量资本的结构调整。

需求侧的战略调整要求金融转型。首先,要求政府有效保护最终债权人和投资者权益,促进家庭通过金融投资分享经济增长成果,实现财富积累和财产性收入的增长,以形成生产与消费的良性循环。其次,要求政策金融和普惠金融得到更充分的发展,以促进教育培训等人力资本积累,促进农业和城乡一体化发展,增进人类与自然界和谐相处的绿色发展。最后,要求进一步发展国债市场,通过中央政府发行永续债的方式扩大公共产品和服务的供给,释放家庭消费,加大义务教育与技能培训的财政支出,提高中国经济未来的生产效率和可持续发展能力。

供给侧要求通过改革打破制度瓶颈,提升供给的适应能力。经济需要从规模扩张转向更高质量和更高效率的发展。生产体系需要从大规模、标准化制成品生产体系向标准化与个性化并存、大生产与小制作并存以及现代农业、工业与服务业平衡发展的复杂生产体系转换。产业组织结构将从同质化过度竞争转向差异化适度竞争。供给侧变革对金融转型的要求是更多地发挥资本市场并购重组的存量资本调整功能,促进风险资本市场的快速发展,并且通过金融业态的多样性发展满足多种经济业态对资金融通的需求。

2. 银行转型的探索与路径

银行转型的目标是提高银行服务经济社会发展的有效性。除了有效配置增量投资外,也需要在促进存量资本调整中发挥积极作用,并将现阶段的人口红利转化为可持续的未来生产力。银行有效服务社会经济发展需要的转型有以下探索路径:

第一,通过金融科技赋能,提高企业贷款投放和配置的有效性。可引入大数据和云计算等技术手段,逐步放弃贷款抵押要求,改变国有制偏好和垒大户习惯,精准和有前瞻性地把握企业客户的生产规律、生命周期、经营现状和未来发展态势;以价值创造还是价值毁灭作为资金融通与否的基准,并以 ESG(环境友好、社会责任担当和良好公司治理结构)作为判断企业社会价值和长期可持续发展潜力的主要依据。银行可通过上述转变,提供融资和融智的支持,有效促进产业升级和结构更为平衡的发展。银行还可采用以去中心、分布式账户和智能合约为特征的区块链技术,促进供应链金融的发展,盘活企业应收账款资产,缓解中小企业资金压力和融资难问题,帮助实体企业优化账务报表,降低经营成本,提高经营效率。

第二,以宏观环境和产业发展分析为基础对企业客户进行分类指导,促进存量资本调整。对过剩产能行业的尾部企业,可逐步收缩信贷,促进企业转型或有序退出;在企业并购等方面,银行可发挥相应的中介和投资咨询服务;对转型企业员工技能培训、技术升级等项目,可适度提供中期贷款。

第三,通过拆分银行总部业务成立子公司的方式拓展非银行业务,根据各家银行的比较优势实现差异化发展。在零售业务方面,除了做好吸储、放款和各类金融保险产品的销售平台外,还可拓展财富管理和生活顾问类服务,充分开发家庭的各类金融和非金融消费服务需求,做好家庭消费服务需求与服务业供应商之间的有效中介服务。在对公业务方面,可推进"融资+融智"的双重服务。"融智"内涵丰富,银行可将金融科技部、人力资源部、信用评估与风险管理等业务部门独立出来或进行独立核算,为各类中小企业提供生产者服务。

四、银行转型要求的制度变革与政策调整

从价值判断上看,金融(包括银行)对经济增长和社会经济福利的促进作用是有条件的,而寻求增值则是资本的本性,是无条件的。因此,需要创造一定的条件提高金融服务社会经济发展的有效性,约束其不稳定性和财富逆向再分配的负面效应。

1. 控制货币和信贷的增长速度,创造稳定的货币环境,放开商业银行的无风险非银行收费业务的经营

除央行投放基础货币外,商业银行体系通过贷款派生存款的方式在信用货币创造过程中发挥着更大的倍数作用。在国家信用担保的背景下,银行的机会主义行为和政府的过度干预都会导致信贷投放的扭曲和低效率,进而导致产业结构失衡、资产泡沫膨胀和贫富分化的负面效应。

因此,首先,创造稳定的货币信用环境需要借鉴1976年诺贝尔经济学奖得主弗里德曼的"单一规则",将货币增长率控制在与经济潜在增长率和规划的资产(土地、实物资产和股权)货币化规模相适应的水平。其次,需要控制银行资产或信贷的增长率。特别是考虑到当前中国经济宏观杠杆率已经过高,防范系统性金融风险要求短期稳杠杆、中长期去杠杆,银行资产和信贷的增长率应控制在稳态经济增长率水平以下。这样做还将驱使银行花更大力气盘活贷款存量,通过推动企业转型,提高存量贷款的质量和使用效率。

考虑到重资产行业未来数十年都将面临去杠杆、去产能的战略调整,银行逐步暴露的坏账显然需要有大规模无风险非银行服务收费业务的收益去冲抵。因此,控制信贷增长速度的政策必须与放开无风险非银行服务收费业务构成相辅相成的政策组合。围绕银行转型的这一客观需要,《中华人民共和国商业银行法》和银保监会的监管规则也应相应修改。

2. 转变政府职能,退出金融的第二财政功能

自1985年"拨改贷"政策实施以来,银行信贷和股票市场融资曾先后作为国有企业解困和改制的财政工具。出于保增长和稳就业的需要,银保监会除了监管职能外还扮演着国务院信贷政策执行者的角色。由于中央和地方政府财权与事权的不对称,地方政府通过融资平台和土地批租将银行信贷作为第二财政资源使用,地方政府软预算约束和中央政府信用担保共同导致信贷的过度扩张和低效率使用,积累了很大的债务违约风险。另外,企业是政府90%税收的征收载体(税负最终转给消费者和股东),地方政府以招商引资为主要职能必然导致产业同构化、恶性竞争和产能严重过剩等后果。

因此,包括税制在内的政府行政职能制度的改革已提上议事日程。地方政府需要从地区经济经营者向市场秩序维护者转变,其立场需要从帮助企业筹资或逃废债务转向保护投资者和债权人权益。向企业征收的增值税等税种将更多向消费税和直接税转换。中央政府收回公共服务事权,再按相关适龄人口下拨地方政府实施或执行。近中期应以中央政府为主发行永续债,提供转型期要求的公共服务供给。这样做既可以降低融资成本,提高政策目标的直达性,也可以为人民币境外使用者提供流动性和安全性俱佳的国债市场流动性管理平台,为人民币国际化奠定坚实的市场基础。

3. 健全提升金融普惠性质的基础制度

健全金融普惠性的基础制度需要实施以下变革:

第一,构建个人和企业信用数据的共享数据库,确立规范有序地使用私密信用的法律体系。当前,亟须打破信用数据为企业和政府部门垄断并用于谋利的碎片化局面。可通过人大立法明确信用数据的私密性与公共性的双重属性,规范此类数据使用的合法程序和适当方式,促进储蓄(包括人力资本投资)的有效投资转化率,提高市场发现价格的有效性,进而促进资源的优化配置。

第二,完善金融机构承担普惠金融等社会责任的相关法律及监管。考虑到金融机构特别是吸收存款的银行机构是政府特许经营机构,政府应规定银行以及其他有垄断经营特权的金融机构必须承担的社会责任,无论是中资还是外资银行,无论是国家控股、地方财政控股还是纯粹的民营银行,都需要履行同样的社会职责。

4. 健全长期投资的制度环境

金融业是以银行为主体的服务业,必须解决"为谁服务"的问题。

第一,需要健全培育有效率企业组织的制度。培育好企业,需要开展多方面的制度变革。一是健全保护私有产权的立法、司法和执法制度。只有有效保护私有产权,民营企业家才会放下包袱,坚持长期投资理念,推进技术创新、产业升级和打造"百年老店"品牌。二是防范和严惩商业欺诈行为,提高市场透明度,这是市场有效配置资源的必要条件。三是政府应放松管制,发挥市场优胜劣汰的有效竞争机制,有序促进僵尸企业转型和退出,通过存量资本调整来提高社会经济效率。

第二,需要拓宽产业投资渠道。以内循环为主体的产业发展应坚持以人为本。与制造业不同,消费服务具有无法储存、本土线下接触型、生产销售消费同时完成以及消耗闲暇时间等特征,有很强的个性化和人性化要求。目前,由于市场准入管制、责任界定机制缺失、专业技能和职业操守良好的从业者短缺等结构性问题,消费服务市场供应不足。政府需要在放宽内外资市场准入的同时,鼓励商业模式创新,健全行业标准与行为规范要求,并积极推进一、二产业剩余劳动力转向消费服务业的再就业工程;同时,应加强市场监管,形成既保护消费者合法权益又保护服务商有序经营的制度环境,促进消费服务业优秀企业做大做强。

第三,需要为银行家和金融投资家人才的培养和选拔提供更宽松的发展环境。当前,国有控股银行高管存在绝对稀缺和相对稀缺,难以适应市场化、国际化经营要求,有效防范金融危机,引领金融科技发展。要改变这一现状,一是需要改革金融企业高管任职资格审核批准程序:取消或缩小书面考试范围,实现核准程序的标准化、流程化,使监管部门增强服务意识,建立金融高层备选人才数据库以长期跟踪与选任人才。二是应完善薪酬激励机制,在条件许可的情况下引入股权激励机制,使薪酬及其结构足以留用高端一流人才,体现高管的能力、贡献和业绩差异,平衡短期和长期目标,并具有广泛的社会认同性和可比性。三是建立金融机构内部创新容错机制和包容文化,完善业绩评价体系,强化风险控制、客户服务和社会责任要素,创设负面行为清单和有效退出机制。

作者:潘英丽(上海交通大学安泰经济与管理学院教授)
来源:人民智库,2021 年 3 月 19 日

"魔都"数字经济强在哪

彭 娟

一、上海数字经济发展现状

上海市数字经济在地区经济中已占据主导地位,大量高新企业和新基建相关企业为上海数字经济的发展提供了支持和保障。上海市数字经济GDP占比已超过50%。

产业数字化发展已成为上海市驱动数字经济发展的主引擎。产业数字化增加值在2020年已超过1万亿元,占GDP比重超过40%。

"新基建"相关企业为上海市数字经济发展提供了新动能,这得益于上海市完备的工业体系。在新基建的各个领域中,上海市的工业物联网领域相关企业数量占比达69.15%,高于全国平均水平的55.34%,是当前上海"新基建"发展的优势领域,这也为"工赋上海"三年行动计划的实施提供了有力保障。预计到2035年,上海拟新建8 000个5G室外基站,加快建设成为国际数据港。

二、上海数字产业化发展现状及创新企业

数字产业化主要包括电子信息制造业、电信业、软件和信息技术服务业、互联网和相关服务业等。

上海市的电子信息制造业在五大高技术产业中占据主导地位,"十四

五"规划中明确提出,到 2025 年集成电路产业规模要实现倍增,政策多次鼓励相关产业发展。

上海市电子信息制造业的典型企业有哪些呢? 它们是:中芯国际集成电路制造有限公司、上海微电子装备(集团)股份有限公司、澜起科技股份有限公司、紫光展锐(上海)科技有限公司。

上海市在固定网络和移动网络建设方面始终走在全国前列,优质企业占比高,已率先实现"双千兆宽带城市"的建设目标。软件和信息技术服务业持续向好,具备专利优势,相关企业风险低。上海市软件和信息技术服务业典型企业有哪几家呢? 它们是:支付宝(中国)网络技术有限公司、汉海信息技术(上海)有限公司(大众点评)、中国银联股份有限公司。

上海互联网和相关服务业收入规模与增速位居前列,相关企业专利持有情况远超全国水平。根据工信部数据,2020 年前三季度上海市互联网业务累计收入位居全国第三,同比增长 22.7%。

上海市互联网和相关服务业拥有专利的企业占比 3.36%,超过全国水平4 倍;拥有软件著作权的企业占比 15.29%,超过全国水平 5 倍;无风险企业占比 85.76%,高于全国平均水平 75.73%。上海市互联网和相关服务业代表性企业有哪些呢? 它们是:携程计算机技术(上海)有限公司、上海拉扎斯信息科技有限公司、上海幻电信息科技有限公司、上海钧正网络科技有限公司。

三、上海产业数字化发展状况及创新企业

第二产业数字化的代表行业是工业互联网,相关企业数量位居全国第三。工业互联网是新一代信息技术与工业经济深度融合的全新经济生态,是关键基础设施和新兴应用模式,是第二产业数字化的代表性概念与组成。近年来,上海围绕工业互联网创新发展赋能经济高质量发展,在战略布局和产业创新等方面进行了多项部署。

"工赋上海"三年行动计划推动上海市工业互联网创新升级,到 2022 年,工业互联网对上海实体经济引领带动效能显著,工业化和信息化融合水平保持在全国第一梯队,基本建设成为具有国际影响力、国内领先的工业互联

网资源配置、创新策源、产业引领和开放合作的发展高地。

工业互联网产业集群效应显著,传统产业将借助工业互联网实现转型升级。长三角地区是新能源汽车重要的产业聚集地,形成了重要零部件、动力电池、电动机、汽车装备等产业基地,汽车上下游行业整体数字化水平较高,具备发展工业互联网的良好基础。预计上海工业互联网核心产业规模在 2022 年将达到 1 500 亿元。目前上海市已推动 300 多家企业进行创新工业互联网应用,其中包括集成电路、生物医药等重点领域。通过推进长三角工业互联网一体化示范区,打造工业互联网产业高地,具有显著的头雁效应,为全国工业互联网发展起到了示范作用,并为将来打造世界级智能制造示范区打下了坚实的基础。

第三产业数字化的代表行业是电商,其投融资环境优良,企业健康度领先。产业数字化模块中,服务业领域数字经济领先发展,特别是电子商务、共享经济等服务业数字化发展迅猛,对数字经济增长的贡献巨大。与此同时,平台经济汇聚供需发展潜力,电商平台是典型的以互联网为载体的数字化平台,是服务业产业数字化的代表行业。

电商行业持续受到重视,直播电商成为重中之重。《上海市促进在线新经济行动方案(2020—2022 年)》中提到,拓展生鲜电商零售业态和鼓励开展直播电商、社交电商、社群电商、"小程序"电商等智能营销新业态。其中,重视直播电商的发展是重要的指导之一。

直播电商市场处于暴发期,规模大且未来增长可观。得益于上海市中外品牌高度聚集的天然优势,2020 年以来上海市 MCN 机构数量飞速增长,上海作为全国首个建立 MCN 专委会的城市,已在构建"网红经济"集聚区,推动"网红经济"全产业链上下游交流合作。

上海市电商行业典型企业主要有哪些呢?它们是:上海寻梦信息技术有限公司(拼多多)、行吟信息科技(上海)有限公司、震坤行工业超市(上海)有限公司、美腕(上海)网络科技有限公司、上海宝尊电子商务有限公司。

四、上海数字化治理现状

数字化治理的典范是智慧城市,目前政策支持力度逐年加大。

新型智慧城市是建设数字中国、智慧社会的核心载体。上海跟随国家政策，大力推动智慧城市建设，2020 年上海市政府发布《关于进一步加快智慧城市建设的若干意见》，聚焦政务服务"一网通办"、城市运行"一网通管"、全面赋能数字经济三大建设重点，夯实"城市大脑"、信息设施、网络安全三大基础保障，加快推进新一轮智慧城市建设，不断增强城市吸引力、创造力和竞争力。

上海市智慧城市发展指数全国居首，在政策支持、基础设施和服务水平与应用落地方面均表现优秀，是中国智慧城市落地的标杆城市。

最后，我们来探讨一下上海数字经济发展的展望和面临的挑战。

通过对上海数字经济发展现状的盘点和规划目标的解读，我们预计上海数字经济未来将继续保持向高质量发展前行、实现区域协同创新、稳固数字化优势的基本态势。

（1）"科创板"将有力地推动上海数字经济向高质量发展前行。"科创板"作为重点支持新一代高科技产业和战略性新兴产业的重要平台，为上海市吸引了一大批优质的新经济、高技术企业。

（2）依托长三角一体化发展实现区域协同创新。2018 年 11 月，习近平总书记宣布，支持长江三角洲区域一体化发展并上升为国家战略。① 根据规划，长三角将形成以上海为核心的"一核九带"空间格局。上海市将着力推动长三角跨区域分工协作，发挥、整合长三角地区的产业优势，实现长三角地区数字经济协同创新。

（3）通过城市数字化转型稳固数字化优势。上海市在全国范围内拥有数字化发展优势，"十四五"规划已明确提出将全面推动城市数字化转型，将大力引导企业在 AI、5G、IOT 等相关技术上自主创新，大力推进上海市科技领域发展，稳固上海市的数字化优势。

同时，上海发展数字经济也不可避免地面临诸多挑战：国际环境越发复杂，外部挑战加剧，全球数字贸易正在发生重大变化，世界各国相继出台数

---

① 习近平.共建创新包容的开放型世界经济——在首届中国国际进口博览会开幕式上的主旨演讲.[EB/OL].(2020 - 08 - 24) [2021 - 03 - 12]. https://www.ccps.gov.cn/xxsxk/zyls/201812/t20181216_125703.shtml.

字经济战略,纷纷抢占技术制高点。虽然上海市拥有各领域的龙头企业,但是从整体来看,无论是龙头企业数量还是大型平台型企业和独角兽企业数量,与北京、深圳等城市相比缺乏数量优势。从数字经济的研发与创新来看,上海目前落后于兄弟城市,在特色科技新领域还需不断努力。

　　总之,上海的数字经济既有优势又面临挑战。我们相信在不久的将来,具有魔都数字经济特色的"数字上海",必将成为国际数字之都。

作者:彭娟(上海交通大学安泰经济与管理学院副教授)
来源:上海市人民政府办公室网,2021年3月15日

国际金融市场还有哪些雷

钱军辉

2020 年 3 月 9 日，美股暴跌，道琼斯指数下跌超过 2 000 点，标普 500 指数收盘下跌 7.6％，并在开盘后不久触发"熔断"，令整个市场暂停交易 15 分钟。

引发如此暴跌的因素，除了全球蔓延的新冠肺炎疫情外，还有沙特大打石油价格战，令石油期货价格暴跌。当然，后者在一定程度上也是由前者触发的，沙特只不过是在疫情暴发、原油需求大跌的背景下，顺水推舟惩罚一下竞争者（如俄罗斯和美国）。

然而，仅仅这两只"黑天鹅"不至于让股市跪得如此卑微（从 2 月 19 日的盘中高点到 3 月 9 日收盘，在短短 3 周内标普 500 指数已下跌 19％）。而在教科书上，股票市场本来应该是给长期现金流定价的，疫情的短期影响似乎不该那么大。

股市之所以如此剧烈下跌，是因为新冠肺炎疫情来得不是时候。过去 10 年的全球宽松政策已让全球金融系统变得非常脆弱，不能承受疫情带来的现金流冲击。而股市是金融市场上最灵敏的"晴雨表"，股市下跌一方面反映了投资者的预期变化，另一方面是因为机构的流动性需求。大量金融机构需要"减杠杆"，即抛售资产用以还债，而股票是最容易抛售的资产。

股市暴跌最吸引眼球，但股市绝不是这次金融危机唯一暴的雷。接下来，笔者列举一下国际金融市场上要暴的雷，有些已经是"进行时"，有些则是"将来时"。

一、美国垃圾债

垃圾债就是低于"投资级"的债券。最近几年流动性泛滥,垃圾债的收益率越来越低,对债权人的保护也越来越弱。换句话说,垃圾债越来越"垃圾",但还有"笨钱"在买买买。

发行垃圾债的公司本来现金流就差,是被疫情打击的最弱一环。最近股市暴跌,风险溢价大涨,垃圾债将面临发行困难。一旦不能借新还旧,依靠债市输血而活的公司就会一排排倒闭。其中,一部分垃圾债是页岩油企业发行的,油价暴跌将导致页岩油企业停产,这些企业一般是高杠杆运营,会因现金流枯竭而破产。

二、美国"投资级"债

BBB 是最低等级的"投资级"债,也是很多机构投资者买入债券的起码要求。评级公司有动机将一些不及格的债券评为 BBB,以方便债券发行,从而收取更多评级费。但当经济明显下滑时,评级公司将不得不下调债券评级,机构投资者将被迫抛售。

较高等级的"投资级"债也不安全。很多美股上市公司借债,不是用于投资,而是用于分红和回购股票,导致资产负债率畸高。一旦经济下滑,现金流吃紧,这些公司的债券也会被下调评级和抛售。

值得一提的是,公司债市场是美国融资体系中最重要的部分,融资额远远超过股票市场和银行。信用风险上升会导致公司债发行量价齐跌,将直接影响实体经济。美联储继续降息或实行新一轮 QE 的作用不大,因为这里的问题不是流动性,而是破产风险。

三、银行

在低利率环境中,银行为获取高收益,只能做风险更高的贷款,持有级别更低的债券。在这点上,日本和欧洲的地区银行可能风险最高,因为日本和欧洲实行"负利率"政策已久,其金融机构的"收益率追逐"(search for yield)压力更大,因此,在购买高收益(高风险)金融产品方面更加冒进。它们是美国公司债泡沫的资金供应者,也将是泡沫破灭的受害者。

美国的银行也没有质的差别。页岩油企业除了发行垃圾债外,也向银行贷款。因此,油价暴跌对银行资产负债表的质量也是一次巨大冲击。

四、美国公共退休基金

公共退休基金(public pension funds)也是公司债泡沫的资金供应者,同样将成为受害者。在过去10年里,国债收益率低得可怜,于是公共退休基金越来越多地配置高收益的"理财产品"。

而高收益必然蕴含着高风险。风险暴发时,州政府将面临两难选择:要么加税补充退休基金,要么降低退休公务员的退休金。如果选前者,经济将雪上加霜;如果选后者,退休的警察、消防员、教师等将上街游行,这一场景已经在美国多个城市出现过。

五、全球航空公司

航空公司杠杆一般都比较高,如果没有政府救济,将承受不住新冠肺炎疫情的冲击。其中比较弱的,比如英国航空公司Flybe,已经在破产边缘,2 000多名员工面临失业。

六、主权债

全球经济尚好时,发债圈钱很轻松。而当全球衰退到来时,新兴市场国家可能面临双重困难:税收下降,融资昂贵。于是主权债危机可能接踵而至。就在几天前,黎巴嫩主权债已经有一笔12亿美元的违约。该国有900亿美元债务,政府收入的一半用于还利息。

主权债违约也有"传染性"。投资者会抛售其他类似国家的主权债,迫使其融资利率上升。而不少国家一旦不能便宜地借新还旧,就不得不违约。主权债危机不会局限于新兴市场国家,欧元区的薄弱环节可能再次经受考验。

七、美股

最后回到股票市场。虽然只说美股,但美股下跌必然连累全球股市。美股10多年的牛市,既有经济复苏带来的基本面支持,也有公司债泡沫的推波助澜(上市公司借债用以分红和回购股票)。即将到来的全球衰退将釜底抽薪,既打击上市公司的现金流,也刺破公司债的泡沫。

股市一旦开始大幅下跌,就会引起恶性循环。有些机构会被动减仓甚至清仓,比如杠杆过高的基金、VaR考核必须减仓的基金,以及在石油、汇率、比特币等市场受重伤的基金等。

股市下跌也会通过多个渠道直接影响实体经济。比如,股票融资成本上升,公司削减投资,消费者因财富缩水而减少消费,等等。这会叠加在新冠肺炎疫情的经济冲击之上,反馈到股票市场。

虽然美股已经回撤近20%,但估值并不便宜。有些股票的估值只在牛市中算得上合理。比如市值最大的苹果公司,2019年每股收益就开始下降,但目前市盈率仍然有20倍。熊市开始后,为什么不能跌到10倍市盈率?

有些股票的估值无论在牛市还是熊市都已经很高。最典型的是特斯拉,营业总收入为246亿美元,支撑了1 100多亿美元的市值。同样在汽车行业,通用汽车营业总收入为1 372亿美元,市值仅为353亿美元。通用有55亿美元利润,而特斯拉的利润仅为8 000万美元。

有很多因素导致美股大规模的错误定价,因篇幅关系不再详述。错误定价不仅影响资本市场分配资金的效率,而且让广大投资者买了收益风险不匹配的理财产品。当牛市的潮水退去,最受伤的还是广大投资者。

作者:钱军辉(上海交通大学安泰经济与管理学院教授)
来源:经济观察网,2020年3月12日

"智能＋"行业成为经济 增长的"新动能"*

史占中

2020 年春节前夕,一场突如其来的新冠肺炎疫情,打破了中国经济运行的节奏,带来了巨大的不确定性影响,同时对许多行业造成了不同程度的负面冲击。但对"智能＋"行业的发展也许"危中有机",甚至还有"逆势上扬"的发展机会。

新冠肺炎疫情蔓延至今,对我国未来产业经济的影响将是广泛而深远的。对创新的重视,对新经济的期待,以及对"智能＋"行业的关注将成为中国经济发展的新动能。智能制造新模式、泛互联网的新业态、关爱生命健康的新方式,也将逐渐成为我国社会经济发展的新趋势。

一、新冠肺炎疫情背景下的行业发展新趋势

1. 产业智能化进程加快

人工智能技术正在驱动产业变革,"产业智能化"已成为现代经济发展的主旋律,新技术、新产品、新模式、新业态正在逐步形成。在国家多项政策和科研基金的支持与鼓励下,各地人工智能创新工程建设快速启动,"智能＋"行业呈高速发展态势。赛迪顾问发布的《2019 人工智能企业百强榜》

---

* 本文采访者为郭锦辉。

预计：2021年中国人工智能核心产业将突破2 000亿元。可以预见，疫情将明显缩短传统产业尤其是制造业数字化、智能化的过程。例如，富士康已建设完成精密机构件、智能刀具、精密组装、测试包装等"熄灯工厂"。这些"熄灯工厂"人力节省了88%，效率提升了2.5倍，在疫情面前，它最大的优势是无需担心工人不能及时返工。人工智能、大数据、云计算等将再次迎来暴发式增长，企业将加快"机器换人"的进程，一批无人车间、无人工厂也将有望成为"燎原之势"。产业智能化是"中国制造"能否转型升级为"中国智造"的必经之路，也将在很大程度上影响中国能否从如今的"经济大国"走向世界"经济强国"。

2. 部分服务需求从线下转为线上

面对疫情，线下服务业受到了最直接的冲击，部分消费场景开始向线上转型，进一步提升了线上消费的比重。比如，春节档院线电影《囧妈》，打破了传统的影院商业模式，改为线上播出；阿里巴巴、腾讯等互联网大公司迅速开发出大数据寻人、查找附近发热门诊、线上就诊等服务；教育培训、办公会议等行业也开始向线上转型，电商、短视频、游戏、知识付费、线上办公软件等迎来流量高峰。

3. 5G融合应用创造新商业模式

此次疫情中，5G的定点部署和切片应用大显身手，充分体现了5G"高速率、广连接、低时延"等技术特性的优势。5G与人工智能、大数据、云计算等智能技术的结合，可为5G的应用创新积累有益经验。其中，以智能制造、远程医疗、大视频直播、在线教育、分布式办公等领域的应用最为典型。例如，通过5G＋VR技术，"云监工"们观看了武汉雷神山医院建设的全过程；5G网络能够支持4K/8K远程高清会诊和医学影像数据的高速传输与共享；等等。

二、"智能＋"行业将为应对疫情危机增添"新动能"

新冠肺炎疫情在给民众生产和生活带来严重负面影响的同时，也为推进"智能＋"行业发展和重塑智能经济生态提供了难得的契机。当前蓬勃发展的大电商平台，如阿里巴巴、京东等多在2003年"非典"之后迅速壮大，深刻改变了生产、流通和消费等经济社会的运行模式。把灾难变为机遇，重塑智能经济社会的内生机制，把握数字化、网络化、智能化发展的"时间窗口"，寻求"新技术、新业态、新模式"的突破，探索新的增长动能和发展路径，是推动经济发展从要素驱动向创新驱动转变、推动经济高质量发展的重要途径。

为积极应对疫情带来的冲击，我们应加快推进人工智能与传统产业的深度融合，促进智能经济的快速发展，力争在疾病诊疗、疫情防控、民生保障等多个方面为抗疫行动做出更大贡献。

1. 智能医疗辅助诊断治疗，保障医院安全诊疗

从诊断环节来说，AI 医疗影像技术已经可以很好地完成前期的 CT 读片工作，例如平安科技的"智能读片"经 LUNA 评测为全球第一，肺结节检测准确率达 95.1%，假阳性筛查准确率达 96.8%。在医疗诊断方面，武汉协和医院、同济医院等线下医院的互联网医院平台也开设了在线问诊网上答疑解惑，对轻症居家隔离病人给予专业远程指导，有效减轻发热门诊的压力。

在新药研究领域，结合大数据与算力支持，AI 可以从海量文献、实验等数据中完成筛选。例如，阿里云的 AI 算力，可支持病毒基因测序、新药研发、蛋白筛选等工作，帮助科研机构缩短研发周期；研究病毒的变异位点，为针对病毒的靶向药物研发提供全面的数据支持。

在流行病学史追踪方面，微医、丁香园、平安好医生、阿里健康等纷纷推出疫情地图与新冠肺炎线上咨询服务，并利用大数据进行分析，对传染模型的建立、精准分析和科学预测提供了重要支撑。

在治疗方面，美国华盛顿的一家医疗中心使用机器人治疗美国首例新冠肺炎患者。在治疗过程中，医生负责在隔离窗外操作机器人，该机器人配备了摄像头、麦克风和听诊器等设备，这家医院借助人工智能技术进行医学隔离和诊疗。上海儿童医学中心也启用了 AI 机器人"小白"，协助医护人员在隔离诊区开展工作，用于疑似病例会诊与远程查房。在医疗防护物资紧缺的情况下，"非接触的面对面沟通"进一步降低了医患交叉感染的风险，也提高了专家跨院会诊的效率，节约了医疗资源。

此外，智能医疗还推出了"智能疫情机器人"，为浙江省新型肺炎公共服务与管理平台提供服务。而上海钛米科技开发的智能消毒机器人，能识别环境

内的物品进行自主避障;配备消毒管理软件,自动根据空间面积计算消毒时间,并自主围绕消毒目标进行 360°无死角消毒;机器人全程智能操作,实行人机分离,能够有效避免和降低感染风险,也提高了大规模消毒的效率。

2. 智慧城市建设强化疫情防控,提升防疫工作效率

在人工智能与大数据时代,防控疫情需要"数战数决"。面对疫情,智慧城市系统会根据智能算法立即启动预警系统,应急指挥调度中心根据预警级别启动相应的应急预案,并采取相应的措施控制传染源,切断传播途径,控制疫情的扩散。此次疫情中,智慧城市大脑系统平台通过对区域数据资源的集聚与分析优势,能够实时监测进入本地区的外地车辆,特别是重点区域牌照车辆的动态数据,并进行大数据分析,将相关信息第一时间提供给疫情防控指挥部,通过对入区外地车辆的监测和大数据分析,为判断防疫形势提供决策支撑,有效提高应急指挥决策效率。例如,万达信息市民云作为可信的城市服务平台,发挥市民云在社区治理和城市服务方面的优势,为政府部门、企事业单位实时提供疫情动态更新、病例跟踪、流动人口数据报表等全方位疫情防控信息。

3. 智能物流应对防疫期间的紧迫需求,保障社会民生

在疫情期间,智能化的物流系统能够有效保障城市居民的生产生活需要。例如,达达集团通过达达快送、京东到家等本地生活服务平台,调配春节期间运力,全力保障防疫期间市民生活物资的配送。达达快送推出"无接触配送服务"模式,避免面对面接触,最大限度地降低风险。同时,通过引入一些智能化解决方案比如无轨 AGV、智能分拣线、智能立体仓等,实现物流拣配的"熄灯作业",也可大幅度提高物流效率。京东到家还启动大数据价格监测机制,与平台上的广大商家携手,全力保障各类防疫相关物资的供给,平抑物价。同时,新冠肺炎疫情催生出来的无人配送需求,也为服务机器人行业拓展了新的市场空间。

4. 智能教育满足在线学习需求,推进教育方式创新

2020 年 2 月 12 日,国务院联防联控机制新闻发布会提出:疫情总体出现积极变化,加强教育系统疫情防控,教育部要求各地应根据当地疫情发展的情况错峰、错区域和错层次开学。在疫情期间,智能教育能够帮助学生在

家进行线上学习,避免校园学生聚集带来的传染风险。面对疫情的暴发,传统的线下教育机构纷纷利用视频系统转型为线上教育,在线教育龙头企业免费为全国的孩子提供在线课程,线上教育的需求迎来暴发式增长。随着中小学复课时间的推迟,远程教育、视频课堂得到了大面积推广。教育部推出22个线上课程平台,免费开放2.4万门优质课程。另外,从2月17日开始,中国教育电视台第四频道通过卫星平台直播的相关课程,覆盖了偏远贫困农村地区,特别是网络信号比较弱和有线电视没有通达的地区。在此形势下,科大讯飞旗下的智学网免费提供公有云教育平台给湖北中小学使用,流利说等智能教育企业也向社会提供免费在线学习资源。

5. 智能制造进一步提高生产效率,支撑经济高质量发展

我国制造企业大多还是以单一中心场地为主,企业采用远程办公、多地协同的作业方式动力不足。疫情所导致的人员隔离、工人停工,使得部分劳动密集型传统企业受到极大影响。而智能制造能够使用互联网进行多地区协同管控的优势再次被放大,可有效应对疫情期间人工短缺的问题。例如,中国钢铁行业领军企业宝钢股份开始大力建设"熄灯工厂",该智能工厂可通过远程运行维护、大数据、人工智能等综合智慧手段保持24小时不停工,既保证了疫情期间的病毒防控,又实现了高效的生产运转。因此,为满足疫情期间的生产工作需求,越来越多的企业将加速向智能化转型,加大对无人工厂、无人车间的投入,通过智能制造进一步提高生产效率。无人零售、无人餐饮、智能物流、无人机配送、无人机巡检等高科技行业有望强势崛起。VR/AR等场景体验类项目将再次受到关注,再加上5G应用技术的成熟,虚拟世界也将逐步与现实世界同步。

三、新冠肺炎疫情下加快推进"智能+"行业发展的对策建议

1. 调整相关的财政货币政策,加快推进智能经济的发展,强化民生领域的逆周期调节

建议政府引导成立疫情救助专项基金,对一些陷入经营困境但又有发展潜力的"智能+"企业给予适当的财政补贴;为受疫情影响较大的企业申

请贷款提供信用担保,并适当调整银行贷款利率;同时,保险公司应加强业务创新,提高理赔效率,帮助特定困难企业和行业渡过难关;调整定额纳税人与个体工商户的纳税定额,允许企业延期交纳税款,对疫情防控的重点保障企业实行税收减免政策。

2. 加快 5G 引领的"双千兆宽带城市"建设,打造 5G 应用公共服务平台

加快新一代信息基础设施建设,努力打造 5G 千兆、宽带千兆"双千兆宽带城市",加强前瞻布局,扩大有效投资,全力促进城市能级和核心竞争力提升。充分挖掘新冠肺炎诊疗以及疫情防控的 5G 应用场景,攻关并批量生产一批辅助诊断、快速测试、精准测温与目标识别的智能化设备与产品,助力疫病智能诊治,降低医护人员感染风险,提高管控工作效率。进一步发挥5G、大数据、人工智能、物联网等数字技术在疫情预防、监测和防控中的作用。

3. 打造人工智能开放创新平台,赋能中小企业加快创新和发展

依托龙头企业,鼓励建设开源开放、共享协同的人工智能创新服务平台,引导更多人工智能中小企业参与协同创新。通过创新平台建设,形成大数据资源池和算法、技术核心平台,助力中小企业算法开发和迭代优化,有效降低中小企业的成本,加快推进中小企业的协同创新。规范政府示范应用项目,建立人工智能产业发展专项投资资金,拓展"智能＋"行业的投融资渠道,赋能中小企业加快创新和发展。

4. 聚焦教育医疗、城市管理、智能制造等重点领域,以场景需求推动智能技术的应用

充分发挥政府资源优势,依托各方研究力量,针对突发性或者极端事件(如新冠肺炎疫情)中出现的人力和物资的替代性需求,加快各类智能系统的研发和落地应用,增强极端事件下的资源储备和应急能力,重点挖掘在医疗、教育、智能制造等场景领域的应用。在医疗方面,推动远程在线智能诊疗系统等产品的应用,推动手术机器人及其操作系统研发,加强突发病、流行病和常见病的智能监测和防控。在教育方面,推进智能校园建设及在线教育培训平台建设,推动个性化学习,促进教育教学方式的转型创新。在制造业方面,应致力于构建企业生产数据的智能决策和机器学习模型,增强人

工智能技术支持下的人机交互与协作生产能力。新冠肺炎疫情导致人口流动趋缓,企业将面临更加严重的"用工荒",复工困难。通过积极引入智能化技术,帮助企业逐步减少对人工的依赖。

新冠肺炎疫情将促使企业和政府持续加大对数字化和智能化的投入,关注"智能＋"产业的发展,在共克时艰中将疫情危机转化为智能制造和智能服务转型升级的契机。

作者:史占中(上海交通大学安泰经济与管理学院教授)
记者:郭锦辉
来源:《中国经济时报》,2020 年 3 月 31 日

呼吁建立健全长三角高端回国留学人才资源一体化利用机制[*]

唐宁玉

长三角一体化的高质量发展离不开人才尤其是高端留学回国人才的一体化发展。2021 年 1 月 23 日开幕的政协上海市第十三届四次会议上,委员们关注到海外人才引进过程中的一些问题,提出应努力打造上海乃至长三角人才发展良好生态,推进人力资源与实体经济协同发展。

上海市政协委员、致公党上海交通大学副主委唐宁玉认为,拥有核心知识的高价值、高独特性的高端人才是推动社会经济发展的重要力量;区域内人才的一定流动有利于创新;针对不同需求、不同发展阶段的高层次归国人才,在政策上可以有一定的针对性,适应多元化发展的需求。

唐宁玉介绍说,在本次两会上,致公党上海市委会有一份集体提案,呼吁建立健全长三角高端回国留学人才资源一体化利用机制。这份提案建议:在子女就学、家属就业、住房补贴等方面制订配套政策,建立健全人才资源一体化机制,因为这不仅是长三角一体化发展的重要着力点,也是促进长三角地区科技创新、产业发展、区域经济提升的重要载体。

近年来,针对高端留学回国人才资源利用一体化问题,长三角各省市先后共同签署了《长三角人力资源协作框架协议》《三省一市人才服务战略合作框架协议》《人才服务项目合作协议》等,从贯通人力资源市场与人才资源

---

* 本文采访者为许婧。

服务、共享高端人才智力资源、实现人才政策互通共融等方面开展深度合作，但也面临着新时期再提升和再突破的"瓶颈"。

与此同时，上海正加快建设"五个中心"，全力打响"四大品牌"，必须具备适应提升城市能级和核心竞争力的人才支撑。海派城市更需海外精英。

上海市政协委员，上海中青年知识分子联谊会、上海新的社会阶层人士联谊会副会长、英泰克工程顾问（上海）有限公司董事长、总裁邓卫受访时说，通过对126家不同类型企业的调研发现，上海在海外人才引进过程中不同程度地存在一些问题，如岗位需求与引进人才层次不匹配，引进海外人才的渠道较分散，企业对海外人才的管理感到困惑，等等，有待于引起重视并予以克服和完善。

"深究出现以上这些问题的原因，归结为一点，是上海在海外人才引进方面缺乏一个为海外人才需求方提供全方位服务的平台，导致用人单位在招聘海外人才时出现引进无门、政策生疏、行情陌生、大海捞针等问题。"邓卫总结道。

在前期调研中，致公党上海市委会也发现，有42.9%的受访者觉得"区域间人才合作缺乏统一规划"，现有的地方人才合作协议大多是由各地的人力资源主管部门牵头签订，以框架性协议为主，行政效力较低，需要经委、工商、税务、教育、医疗等相关部门通力合作。这对长三角地区高端回国留学人才资源一体化利用机制的顶层设计提出了更高的要求。

长三角主要城市现有的高端留学回国人才政策主要集中在资金奖励、落户政策、住房补贴、子女教育等方面，政策内容存在同质化趋势，没有凸显城市区位优势、产业特点、生活环境、双创氛围、人文历史等因素对高端留学回国人才的天然吸引力。各地现有的政策中大多只列出了资助额度、住房补贴等资金的数量，对于后期落实方面却未给出明确的执行细则，出现了落实程序复杂、服务不到位等现象。

致公党上海市委会为此建议，要进一步完善顶层设计，提高人才共享意识；实施差别化、有地方特色的高端人才引进制度；打破部门壁垒，增强对人才的长期服务意识；实现资质互认，构建统一的人才评价体系。

邓卫则提出，建议由上海市人力资源和社会保障局牵头，组建海外人才引进和管理的综合服务平台，形成"政府搭台、平台唱戏、企业受益"的新发展格局，如此"有利于提升吸引海外人才的开放度、为企业引进人才增加便利度、形成海外人才储备的蓄水池"。

受访者：唐宁玉(上海交通大学安泰经济与管理学院教授)

记者：许婧

来源：中国新闻网，2021年1月23日

适时调整民间借贷利率的司法保护上限,有利于民间借贷市场健康发展*

吴文锋

《最高人民法院关于审理民间借贷案件适用法律若干问题的规定》(简称《规定》)正式发布。作为民间借贷合同中的核心要素,民间借贷的利率是此次《规定》修正的重要内容之一。《规定》明确,取消以 24% 和 36% 为基准的"两线三区"的规定,而以一年期贷款市场报价利率(LPR)的 4 倍作为民间借贷利率的司法保护上限。

专家认为,大幅度降低民间借贷利率的司法保护上限利国利民,不仅有助于减少涉贷纠纷、涉贷违法,而且有助于引导融资成本下降,进而与中国经济社会发展的实际水平相适应。

一、有效减少借贷纠纷

最新的民间借贷利率"保护线"是多少? 中国人民银行 2020 年 8 月 20 日公布的一年期贷款市场报价利率为 3.85%。据此计算,调整后的民间借贷利率的司法保护上限为年利率 15.4%。

据了解,在此之前,国内民间借贷的法律"保护线"为"两线三区"模式,

---

* 本文采访者为王俊岭。

即：对出借人起诉要求借款人支付利息的，年利率为24％以内的予以保护；出借人请求借款人支付超过年利率24％的利息的，人民法院不予支持；对年利率为24％～36％的利息，人民法院不予干预；如果借贷双方约定的利率超过年利率36％，超过部分的利息则被认定为无效，借款人有权请求出借人返还超出部分的利息。

最高人民法院审判委员会专职委员贺小荣表示，民间借贷是多层次信贷市场的重要组成部分，但民间借贷作为民事主体从事的民事活动，不得违反法律、行政法规的强制性规定，不得违背公共秩序和善良风俗。

"在前期调研和征求意见的过程中，社会各界对于以'民间借贷'为名，未经金融监管部门批准而面向社会公众发放贷款的行为意见较大，此类行为容易与'套路贷''校园贷'交织在一起，严重影响地方的金融秩序和社会稳定，严重损害人民群众的合法权益和生活安宁。"贺小荣强调，如果当事人约定的利息过高，不仅导致债务人履约不能，还可能引发其他社会问题和道德风险，所以世界上绝大多数国家都设置了利率保护的上限。因此，大幅度降低民间借贷利率的司法保护上限，对于引导、规范民间借贷行为具有重要意义。

二、引导融资成本降低

那么，民间借贷利率的司法保护上限定为多少合适，又为何选择"一年期贷款市场报价利率(LPR)的4倍"作为标准呢？

"如何确定民间借贷利率的司法保护上限确实比较复杂。"全国人大宪法和法律委员会副主任委员、清华大学法学院中国司法研究中心主任周光权表示，利率过高，借款人还款困难，会导致一些道德风险；利率过低，出借人积极性不高，又会引发融资困难。

最高人民法院民一庭庭长郑学林表示，最新规定主要考虑了中国社会经济发展状况、民间借贷利率司法保护的历史沿革、市场需求以及域外国家和地区的有关规定等因素。"确定将一年期贷款市场报价利率的4倍作为民间借贷利率的司法保护上限，有助于人民群众对此标准的理解和接受，也体现了司法政策的延续性，同时，这一标准也接近多数国家和地区的有关规定。"郑学林说。

贺小荣进一步指出，民间借贷利率的司法保护上限也不是越低越好。可以说，《规定》是吸收社会各界意见后形成的最大公约数，更加符合当前中国经济社会发展的客观需要。

"随着中国经济由过去的高速增长阶段向高质量发展阶段转变，金融及资本市场都应当为先进制造业和实体经济服务。从中长期看，激发小微企业等微观主体活力有助于促进经济高质量发展，最终有助于实体经济长期可持续发展。而民间借贷与中小微企业有着千丝万缕的联系，降低中小微企业的融资成本，引导整体市场利率下行，是当前恢复经济和保市场主体的重要举措。"贺小荣说。

三、夯实健康发展基础

从长远来看，大幅度降低民间借贷利率的司法保护上限，有利于互联网金融与民间借贷的平稳健康发展。

"随着互联网技术的快速发展和我国征信体系的不断完善，全社会的融资成本必然会逐步下降，民间借贷的利率也将伴随着国家普惠金融的拓展而逐步趋于稳定。因此，过高的利率保护上限不利于营造利率市场化改革的外部环境，也不符合利率市场化改革的方向。"贺小荣说。

上海交通大学安泰经济与管理学院副院长吴文锋在接受《人民日报·海外版》记者采访时表示，在利率市场化改革不断深入、利率长期走低的大环境下，适时调整民间借贷利率的司法保护上限符合时宜，也有利于民间借贷市场的健康发展。

"理论上，只要借贷合同是双方基于自愿、平等的情况拟定的，利率高一些或低一些其实并没有什么问题。但在实践中，一方面，民间借贷往往风险较大，所以出借人索要的利息就高；另一方面，高利息之下，按时还款的借款人相当于为恶意违约的借款人买了单，这也造成了市场的逆向淘汰。"吴文锋说，"融资难"和"融资贵"是一个硬币的两面，解决好这些问题，需要进一步扎实畅通融资渠道，大力发展金融科技，最终让民间借贷更好地在资金市场中发挥作用。

受访者：吴文锋（上海交通大学安泰经济与管理学院教授）

记者：王俊岭

来源：《人民日报·海外版》，2020 年 6 月 2 日

数字化时代关于互联网＋支付的思考

胥　莉

近 10 年来，中国支付行业快速发展，中国已具有全球领先的移动支付市场。从 2002 年中国银联成立开始才逐步形成的支付产业，在推动其他产业数字化的进程中做出了很大的贡献。

数据显示，截至 2020 年第二季度末，我国银行卡联网的特约商户已超过 2 500 万家，银行卡累计发卡数量达到 86.58 亿张。但是，目前大多数银行卡都绑定在微信或支付宝等支付账户上，支付账户渗透到我们生活中的每一个角落，成为商业发展的基础工具，并从根本上改变了商业的逻辑，改变了很多企业的商业形态和模式，也改变了我们的生活方式。

中国银行卡跨越式的发展始于银联的成立。中国最早的银行卡是 1985 年中国银行发行的牡丹卡，仅仅服务于少数出国人士的需要。直到 2002 年，我国的银行卡渗透率仍不到 10％。2002 年，在金卡工程的基础上，中国银联成立。银联成立后的第一个重要任务就是实现全国联网通用，推动解决银行卡跨行、跨地区使用问题。在中国银联与各家商业银行的共同努力下，我国银行卡不仅在东部地区和大中城市日益普及，更进一步加速向中西部地区、中小城市和广大农村地区延伸。到 2012 年，我国银行卡的渗透率达到了 43.5％，接近欧美国家整体水平。这意味着我们用了 10 年时间，走过了欧美国家 50 年的进程。

随后出现了快捷支付，这促进了"卡基"到"账基"的迁移。快捷支付从技术上打通了支付账户和商业银行银行账户的接口，从制度上突破了支付账户和银行账户的壁垒,使得银行账户的资金可以方便快捷地进入支付账户。银行账户与支付账户之间的账户之争逐渐显现,支付产业的商业模式开始发生变化。

2011 年二维码的出现,使得支付市场的市场结构彻底发生了改变。2012 年春节的微信红包使得支付账户迅速增长,以支付账户为载体的移动支付迅速发展。截至 2019 年,微信和支付宝占移动支付的市场份额达到 95％。

根据我们对 2011—2016 年银行卡交易的研究,在小额高频交易场景,银行卡逐渐被移动支付替代,"扫一扫"已经成为小额高频场景下的主流支付方式。而且为了争夺用户,线上的商户手续费已经远低于银行卡线下交易的手续费。与此同时,线下商户手续费实施政府指导价,线上商户手续费由市场定价,促进了支付市场的进一步线上化。

同时,也有越来越多的互联网开始收购支付牌照,2018 年拼多多收购付费通,2020 年字节跳动、携程先后收购了支付牌照,互联网＋支付的支付机构占据了移动支付市场的主要份额。

但是,支付本身并不能独立存在,它深度内嵌于场景,无场景则无支付。同时,我们可以看到由于互联网企业掌握了最核心入口的用户画像,易于向生态圈中的其他企业赋能,不断提升生态系统的数字化水平。这个数字化的过程不仅降低了信息不对称带来的交易成本,而且提升了整个产业生态圈的边际收益。另外,C 端巨头以强大的 C 端流量加剧了 B 端数字化升级服务市场的竞争,第三方支付机构从线上转往线下,在 B 端寻求纵深发展,不断提升 B 端市场的数字化程度。

中国银联加大数字化投入,推动银行业数字化的发展,助力产业各方的数字化转型。可见,随着支付机构场景化的建设和发展,支付机构不仅仅是支付,而是与电商、旅游、零售、餐饮等场景交织在一起,推动着支付生态 SaaS 化,带动了民生领域和实体经济的数字化发展。

互联网＋支付的问题和挑战是:全球没有一个国家有互联网＋支付账户的企业,更没有针对互联网＋支付账户企业的监管。我们今天看到美国的 DOJ 和 FTC 对脸书、谷歌、亚马逊、微软进行的反垄断调查,仍然以互联网企业为特性进行。在中国,互联网企业加了钱包,在算法的支持下,企业具有很强的纵向、横向扩张能力。场景数据优势可以降低融资成本,使得互联网＋支付的企业可以轻松进入金融领域。在互联网与金融未设防火墙的情况下,这为监管带来了新的挑战。

此外,支付账户承载的数据的非竞争性、边际成本低等特点,使得互联网＋支付企业具有规模经济和范围经济的优势。如果拥有钱包的企业、拥有账户数据的互联网＋支付企业排他性地使用这些数据,特别是对生态圈的其他企业排他性地使用数据,那么对于整个经济发展、市场竞争都是非常不利的。

未来,对互联网＋支付企业的监管问题,不仅仅是互联网监管问题,也不是互联网简单加支付的监管问题,而是互联网整合支付后,数字化生态圈的发展给监管带来的新挑战。

作者:胥莉(上海交通大学安泰经济与管理学院副教授)

来源:《文汇报》,2020 年 11 月 9 日

数据资本究竟如何成为
经济增长新动力

许志伟

数据作为一种重要的要素，当前正对经济行为和经济增长产生越来越大的影响。数据已与土地、劳动、资本、技术一起成为当前5个最核心的生产要素。

《中国数字经济发展白皮书》显示，我国2019年数据经济体量是30多万亿元，占GDP比重超过30％。今年IMF预测我国经济增速为3.5％，而数字经济平均增速又非常高，这意味着数字经济在驱动经济增长方面非常重要。

从数据影响生产行为来看，它究竟如何促进我国当前经济增长呢？

首先，以数据为载体的无形资本和传统资本最重要的区别就是非竞争性，即数据可以被多方使用，并且数据质量不会因为多方同时使用而受影响。比如，一个记录大众消费行为数据的表格，所有人都可以分析，而表格本身不会受影响，这就是非竞争性。

其次，数据生成的边际成本非常低。比如，打车软件自动产生数据，数据生成初期可能会投入比较多，但是随后生成一单位新数据的成本会越来越低。

那数据资本如何影响企业的生产行为？其背后复杂的数学理论简化来说，就是数据会生成知识，形成直接用来指导生产行为的信息，从而促进生产率，影响生产过程。

数据资产影响生产并促进经济增长的本质是内生增长理论,其核心机制是非竞争性和规模效应。比如,不同的单车企业有自己的用户数据,这些数据共享可以形成算法精确度的优化,改善服务质量。

规模效应是指利用数据促进企业提高生产率,提高产品质量,以吸引更多用户,产生更多的经济行为;更多的经济行为又会生成更多数据,再次反馈给企业,以此反复扩大,这就是规模效应。

非竞争性加规模效应,理论上可以产生内生的经济增长,就是经济自己内生的扩张,这是数据推动经济增长的核心机制。

数据经济的优势还体现在降低企业融资成本上。在金融市场发展不完备的情况下,如果银行面对一群质量差异很大的企业,但又无法识别,那么银行就会统一设定严格的借贷标准,最终导致好企业也难以借到钱。但是,足够多的企业动态数据可以帮助银行有效鉴别出差的企业。当企业借款者平均质量高时,银行就可以设一个较低的借贷标准,从而降低了优质企业的融资成本。

数据对经济增长的影响那么大,那市场本身是否提供了经济发展所需的数据资产呢?理论上来说,数据产权归不同人所有就会产生不同类型的市场均衡,这些市场均衡会因为外部性导致市场失灵。

比如,企业拥有数据产权,就会出现两种情况。一是企业作为使用者,可能会因为只关注利润最大化而过度使用消费行为数据。而且,单个企业分享自身的数据会培育潜在的竞争者,形成经济学上的创造性毁灭,所以企业没有足够的动力去共享数据。二是消费者作为数据供给者,由于担心隐私泄露等问题,往往没有足够的动力提供自己的数据,或者出于搭便车心理而不愿共享,从而导致最终消费者行为数据供给不足。

而此时,政府往往会起关键作用。

首先,政府作为数据的拥有者,可以通过权衡效率与隐私,优化数据资产的配置;同时,政府还可以构建数据平台,并通过平台,有效解决企业出于竞争考量导致数据供给不足的问题。比如,国家统计局每年对规模以上企业进行调查,构建了工业企业数据库。这一数据库非常成功,学者基于此进行了诸多研究,帮助政府了解现实,制订政策,发现中国企业行为的规律。

这些科学研究结果再反馈给微观经济决策者,帮助它们促进生产。

其次,政府作为数据的监管者同样很重要。因为强化数据监管、强化隐私保护制度能够改善外部性导致的数据资产市场失灵问题。

数据资本能够促进生产,促进经济增长,中国同时面临机遇和挑战。

机遇体现在中国的两个比较优势:一是我们有超大规模的市场,意味着各类经济行为规模巨大,能够生成超大规模数据;二是强有力的政府有助于更好地积累数据资本,除了解决市场失灵问题外,还能为数据资本的创造提供更好的基础设施。

挑战同样很多。比如,数据的安全性。典型案例是,通过数据生成的算法本身是中性的,但是算法的形成是基于整个国家的大规模个体行为,如果大家基于这个算法掌握了整个国家微观行为的规律,那么很可能会影响到国家安全。基于这点考虑,今年8月,《中国限制出口技术目录》针对基于数据分析的个性化推送服务做了限制。国家安全问题限制了数据资本在国家之间的有效共享,这也是未来数字经济发展的一大挑战。

作者:许志伟(上海交通大学安泰经济与管理学院副教授)
来源:《文汇报》,2020年11月4日

调峰填谷，V2G 或将主导
未来车网关系

尹海涛　瞿　茜　殷俊舜

当马路上行驶的电动汽车停下来时，这些连在电网上的电池，便一个个化身为蓄水池，担负起电网调峰调频的功能，用以解决因光电和风电上网而带来的电力供应的间歇性和波动性。这不是科幻，而是扑面而来的现实世界。

一、席卷欧美的实验

V2G 是 vehicle-to-grid(车辆到电网)的缩写，V2G 技术的核心在于电动汽车与电网的互动关系：当电网负荷过高时，由电动汽车用自身电池存储的能源向电网馈电；而当电网负荷过低时，电动汽车存储电网过剩的发电量，避免造成浪费。这样，电网将有机会决定电动汽车的充放电时间，同时应对用电高峰造成的冲击。中国工程院黄其励院士将其概括为"车网双向充电"，将主导未来的车网关系。

目前，美国和欧洲对 V2G 技术颇为重视，配套政策支持力度也很大。早在 2012 年，美国特拉华大学就进行试点项目，评估在 V2G 技术条件下，电动汽车向 PJM 公司的电网提供调频服务，以减轻可再生电力固有间断性的潜力。2016 年 11 月，美国联邦能源管理委员会(FERC)提出修改法规，推动储能与分布式能源集成商(DER)进入电力市场。2020 年，特斯拉公司已经在

Model 3 与 Model Y 车型上添加了双向智能充电技术。

2016 年，欧盟启动 SEEV4-City 长期试点计划，拨款 500 万欧元，支持 5 个国家（英国、荷兰、挪威、比利时等）的 6 个项目，探索通过 V2G 技术帮助电网容纳更多新能源与新能源汽车。2016 年，丹麦"Parker"项目是世界上首个完全商业化运行的 V2G 项目，通过 V2G 技术为电网提供频率和电压控制等辅助服务。

2018 年，英国政府宣布 VIGIL 计划，拨款约 3 000 万英镑支持 21 个 V2G 项目，测试相关的技术研发成果，同时也为该类技术寻找市场。2019 年，雷诺集团官方宣布在欧洲推出 15 辆 ZOE 组成的车队，展开 V2G 试点项目。2020 年 4 月，德国尝试消纳风力发电的 V2G 试点项目正式完成。2020 年 6 月，菲亚特克莱斯勒公司，在意大利米拉菲奥开展全球最大的 V2G 试点项目，预计到 2021 年年底能够建成容纳超过 700 辆电动汽车、监管容量达到 25 兆瓦的 V2G 设施。从这些试点探索看来，车网双向充电在一些国家与地区正逐步商业化。

二、利益相关方的考量

电网钟情于 V2G 主要有两个原因：第一，新能源电力的消纳压力，要求电网提升调峰调频的能力；第二，电化学储能在调峰调频上存在优势。传统调峰方式的响应速度以秒为计量单位，V2G 调峰的响应速度能够达到毫秒级，可以针对用电需求更快地做出反应。

单个电动汽车相当于一种移动分布式却未被高效利用的储能电池。电动汽车的电池能够提供相当可观的储能容量，市面上一般电动汽车的储能容量基本超过 50 千瓦时。

据测算，京津唐电网供区内约有 40 万辆电动汽车，若通过 V2G 方式实现有序车网互动，可提供 180 万千瓦时可移动的优质调节资源，超过 2019 年年底的电化学储能装机总量。另据国家信息中心预测，截至 2030 年，中国新能源汽车保有量将突破 1 亿辆。届时，新能源汽车将拥有 50 亿千瓦时的储能规模，相当于 4 倍的全国抽水蓄能资源潜力。

与传统储能项目相比，V2G 具有成本相对较低、接入节点灵活的特点，且不受建设成本与场地的约束。在进行调峰方面，只需进行管理上的调控，无须增添大量的调峰储能设施。唯一需要用户做的是，在停放时间内保持与电网的互联。此外，V2G 技术还可以起到应急备用与电压支持的辅助服务。在 1 年的时间长度内，电网需要"备用"服务的次数低于 30 次，每次低于 15 分钟。如果建立独立的储电电站为此服务，应用效率将会极低，而 V2G 技术可以避免这一点。另外，飞快的响应速度也使得 V2G 能够参与调频服务。

新能源汽车参与调峰辅助服务，具有较大的市场潜力。以 2018 年广州市展开的车网互动为例，如果开展有偿调峰，电网每年可以累计消减 100 万千瓦时的供电量，电动汽车调峰收益预计可达 300 万～500 万元。如果开展电网填谷替代部分发电侧的深度调峰，广州市 21 万辆电动汽车预计每年每月参与 2～3 次深度调峰，每次调峰功率 5 万千瓦，按照 2018 年的虚拟电厂给出的补偿价格结算，预计填谷年收益达 150 万～240 万元。以此类推，若全国当前接近 400 万辆电动汽车全部参与调峰服务，调峰年收益将达 1.6 亿元。而通过在用电低谷期间低价买电，在用电高峰期间高价卖电，车主也可以获取较为客观的收益。2019 年，中国经营性充电站峰谷价差一般为 0.6 元/千瓦时。党政机关、企事业单位等自行建设的充电桩收费，则按照"一般工商业及其他"类用电价格。各省"一般工商业及其他"类用电峰谷平均价差约为 0.672 9 元/千瓦时，如果每辆车大约有 40 千瓦时电量参与调峰，平均一天赚取 27 元，则年收益有近万元。

事实上，在电动车保有量较高的北上广城市群中，峰谷价差普遍达到或高于平均价格，一年将产生 9 855～13 700 元不等的收益。同时，由于使用低谷电力，充电价格也会比无序充电节省很多。

此外，V2G 技术也被称为"双向智能充电技术"，这意味着它还能在电网断电的情况下直接为用电器提供电力。像在区域性断电以及处于电网难以覆盖的荒郊野外，电动汽车能够成为紧急备用电源，提供最多 70～80 千瓦时的电量。

三、落地中国的挑战与机遇

从政策上看，国内部分地区对参与电力辅助服务市场设立了一些准入门槛，比如需要保证 4 小时及以上的接入时长或 10 兆瓦以上的充放电功率。这对私人电动汽车以及充电站而言都是极难实现的长时间、高功率的充放电形式。

我国现阶段的电力辅助市场，缺乏针对分散性用户侧资源准入的相关政策。国内对此也在积极探索：在 2018 年的广州案例中，南方电网采取下放准入门槛的措施；在 2019 年的上海案例中，未设置任何准入门槛，也未设立任何响应量门槛，对所有被认为是有效的响应量提供补偿。但 V2G 参与电力市场的准入条件仍需被进一步明确以保证企业以及个人的积极参与。

当前，V2G 盈利方式在中国局限于峰谷价差套利，而峰谷价差在我国始终保持较低水准且不稳定，需要政府进一步明确。在部分西方发达国家，电动汽车能够参与绿电交易、需求响应、电网辅助服务，并成功确立了分布式交易、需求响应、虚拟电厂机制等，所获利润将大大超过峰谷价差，这对企业与用户将有更大的激励。

此外，电动汽车接入电网的时间与地点还存在不可控性的问题。其中，时间直接影响参与效果与响应量，地点的过于集中将导致对电网造成冲击与损耗。针对前者，在当前中国主要依靠峰谷电价的变化，引导电动车主在最佳时刻进行充放电。2020 年 4 月，华北电网首次将电动汽车纳入电力市场结算，给予车主在手机智能 App 上选择充放电量与时间的权利。针对后者，则取决于充电桩建设规划，比较可行的方式是建于医院、大型商场、工作园区等地，避免对车主出行造成影响。2020 年提出的新基建中也明确提出了 V2G 充电桩的建设规划问题。

与此同时，车主们也倾向于将长时间接入电网视为一种代价与限制，而非闲置资源的利用。事实上，2019 年，英国平均一辆汽车每天行驶 20 公里，一般不超过 50 公里。数小时的接入时间对于车主出行几乎没有影响。当充电桩或充电站的建设更为普及时，如家用充电桩、大型工业园区、商场、医院、学校、停车场等地的充电站建立后,车主也不必为寻找充电位而影响出行。

值得注意的是,每日进行充放电,电池的损耗无法避免,这也是许多车主接受有序充电而不接受双向充电的原因。2020 年,中国政府规定市场上动力电池需要达到 1 000 次以上循环,在每日参与调峰、每次涉及 50% 储电量的情况下,若以电池平均 1 200 次循环计,大约 6～7 年即需更换电池。此外,频繁地充放电以及高能量密度的电池,将会为安全问题增加难度。

许多车企将目光放在延长电池寿命和安装长里程电池上。在 2020 年推出的车型中,以 450 公里单次续航里程、1 200 次循环为例,生命周期总里程达 54 万公里,部分车辆可达到 70 万公里以上。目前,特斯拉公司已成功研制"百万公里电池",宁德时代也研制出 200 万公里电池,但这也意味着购车成本的上升。电网是 V2G 技术的最大受益者,怎样分割收益是很重要的问题。

总体上看,目前中国在 V2G 方面的试点落后于欧美,仍有很大潜力。2019 年 6 月,上海展开车网互动商业模式的探索,首次将电动汽车纳入需求响应体系。2019 年 12 月,工信部《新能源汽车产业发展规划(2021—2035年)(征求意见稿)》中提出,我国将加强新能源汽车与电网(V2G)能量互动,鼓励地方开展 V2G 示范应用。2020 年 4 月,华北电力市场首次正式将 V2G 充电桩资源纳入电力调峰辅助服务市场结算,充电桩正式从单一充电转化为双向充电模式,参与电网实时调控与调峰辅助服务。

目前,中国新能源装机容量世界第一,新能源汽车保有量世界第一,具有 V2G 车网互动的市场潜力。相信随着政策的明朗和商业模式的确立,V2G 必将成为中国未来能源生产和消费革命的重要一环。

作者: 尹海涛(上海交通大学安泰经济与管理学院行业研究院、上海交通大学中国城市治理研究院教授)、瞿茜(上海交通大学安泰经济与管理学院行业研究院副教授)、殷俊舜(上海交通大学安泰经济与管理学院学生)

来源:《经济观察报》,2020 年 8 月 28 日

多途径制止餐饮浪费行为

于 冷

  粮食生产是一个自然再生产和经济再生产相结合的过程,从农田到餐桌,要经过生产、收获、运输、储藏、批发、加工(饲料)、零售等多个环节,要经过农产品所有权、时间、空间和形式的转变,有生产资料供应商、农民、中间商、工人、消费者等众多利益相关者参与其中,对国民经济具有重大影响,构成了一个复杂的系统工程。

  近年来习近平总书记一直强调:保障国家粮食安全是一个永恒的课题,任何时候这根弦都不能松;实施"以我为主、立足国内、确保产能、适度进口、科技支撑的国家粮食安全战略";粮食问题不能只从经济上看,必须从政治上看,从战略上看,一个国家只有立足粮食基本自给,才能掌握粮食安全主动权,进而才能掌控经济社会发展这个大局;对我们这样一个有着14亿人口的大国来说,农业的基础地位任何时候都不能忽视和削弱,手中有粮、心中不慌,在任何时候都是真理;保障国家粮食安全是实现经济发展、社会稳定、国家安全的重要基础;中国人的饭碗任何时候都要牢牢端在自己手上,我们的饭碗应该主要装中国粮,等等。① 这些重要论述,贯穿了春耕备耕组织、田间稳产增产、各环节降本增效、餐桌上杜绝浪费等食物产业链的各环节。

  2020年年初暴发的新冠肺炎疫情仍在全球蔓延。在多重不确定性背景

---

① 韩长赋.坚决扛稳国家粮食安全重任[EB/OL].(2020-08-07)[2020-08-24].
https://www.rmzxb.com.cn/c/2020-08-07/2639035.shtml.

下,习近平总书记明确指出,尽管我国粮食生产连年丰收,对粮食安全还是始终要有危机意识,今年全球新冠肺炎疫情所带来的影响更是给我们敲响了警钟;强调要加强立法,强化监管,采取有效措施,建立长效机制,坚决制止餐饮浪费行为,从粮食安全高度思考餐饮浪费问题。[①] 在这特殊的历史节点,在复杂多变的国际环境下,总书记高瞻远瞩、运筹帷幄,做出重大研判,将保障粮食安全作为当前的重大主题,为粮食安全新战略引入了动态性和不确定性的分析与思考,进一步丰富了粮食安全的系统观,既为保障中国粮食安全奠定了坚实的基础,也为世界粮食安全做出了重要贡献。

杜绝"舌尖上的浪费"是保障粮食安全最现实的切入点,一方面通过制止餐饮浪费行为,直接减少食物浪费;另一方面引导全社会重视餐饮浪费现象,人人参与反对浪费行动,树立勤俭意识,养成节约习惯,续写民族美德新篇章。

应加强对食物营养、卫生、质量等方面的科学普及教育,逐渐改变以"好吃"作为评价食物的唯一标准,倡导健康饮食和生活。借助当前疫情的特殊时期,进一步推广分餐制。引导文明进餐,重视网络平台和媒体内容对人们消费行为的引导作用。

应加强立法,强化监督,规范食品、餐饮企业的行为。企业逐利无可厚非,但要遵守市场规则。比如,对于过度宣传食品的功能和效果,鼓励过度消费的促销活动,政府应该制定相应的制度和管理条例进行规范;同时,借鉴国际经验,比如日本、新加坡等国在食品和餐饮方面的做法,引导企业更加关注产品质量和服务。

针对在外就餐,鼓励食品餐饮企业实施"优质优价",既可以满足不同层级消费者的需求,又能避免餐饮企业为了降低成本从而降低食物质量的恶性循环。针对家庭就餐,可以考虑结合目前实行的垃圾分类回收制度,既减少浪费,又做到环保。

作者: 于冷(上海交通大学安泰经济与管理学院教授)
来源:《文汇报》,2020 年 8 月 25 日

---

① 佚名.大力培育"消费不浪费"餐饮文化[EB/OL].(2020-08-012)[2020-08-24]. http://bj.people.com.cn/n2/2020/0812/c14545-34220237.html.

体验价值将重构品牌竞争力

余明阳

"我们经常思考一个问题,为什么功夫是中国的国粹,熊猫是中国的国宝,而《功夫熊猫》却让美国人挣了很多钱?"谈及品牌的建设与发展,上海交通大学教授、中国企业发展研究院院长余明阳在接受第一财经专访时,提出了这么一个问题。

余明阳致力于品牌研究已有 30 载,研究范围持续从品牌的内涵、附加值,到品牌资产的保值、增值,再到品牌的延伸及创新。他认为,从国家竞争力角度而言,中国经过 40 多年的高速发展,硬实力已经很强了,跟发达国家比,现在我们相对较弱的有两方面:一个是锐实力,一个是软实力。锐实力就是科技,在光刻机、芯片、飞机、发动机等领域跟发达国家之间依然有很大的差距。至于软实力,上述提及的《功夫熊猫》就是一个例子。"我们帮发达国家的大品牌做了很多的 OEM,它们的产品在我们这里生产,我们挣的是劳务费,而人家挣的钱却是更高的附加值。"余明阳认为,中国的发展,未来一定要从劳务费走向附加值,要从简单的加工收入走向品牌的溢价,这就是品牌的价值所在。

谈及品牌创新,余明阳表示,中国的老字号现在有竞争力的品牌其实并不多,我们不缺好的品牌,但因创新力不足而导致品牌的持续性不够,老字号的影响力式微也是这个原因,"我希望,通过中国的品牌发展,提升我们的文化软实力,提高我们产品的溢价能力,同时提升我们的文化竞争力,这是我做品牌研究的一个最重要的缘由"。

第一财经：中国目前处于深度品牌建设阶段，企业在品牌构建过程中应该如何契合当下消费者的诉求？或者说深度品牌应该怎么打造？

余明阳：浅度品牌主要指的是知名度，品牌的名气是第一位的，但到了一定程度后光有知名度是不够的，我们很多品牌知名度很高，但是影响力并不大。如今，真正能够深入人心的是品牌所带来的价值和内涵。

让品牌深入消费者的内心，让消费者真正理解并接受品牌的价值观和倡导的理念，这样的文化和品牌才有持续的竞争力和生命力。最近一段时间，泰国有很多广告片拍得非常好，它的广告片甚至没有讲产品，而是在传播一个知恩图报的理念；再比如华为，它所传播的理念就是一种日益创新的理念，一种狼性、拼搏的文化。这种能够持续发展的价值观，就叫深度品牌。

中国文化源远流长、内容广泛，我们在了解了国外品牌的发展以后，现在开始有了一个新的起点，例如这段时间国潮、国风越来越被人们追捧，这是个好的现象，全球对中国文化的关注度也越来越高。

从品牌文化角度来说，我认为未来会有两种架构：一种是以欧美为代表的西方文化架构；另一种就是以中国为代表的东方文化和价值体系。这次新冠肺炎疫情以后，大家发现中医的疗效很不错，很多人包括学西医的人都开始对中医感兴趣。这次疫情以后，我预计中医的国际化进程会明显提速，这就是中国文化的一个重要内涵。

此外，还有中国的服饰，比如改良型的旗袍，将旗袍的元素用在服装上可能是一种非常好的时尚，现在有很多西方人也很喜欢用盘扣，这些元素展示了女性独具魅力的妩媚和优美。

国内现在也有很多非物质文化遗产被人们广泛地关注，像苏绣、京剧，大家对这些东西越来越感兴趣，这说明东方的文化、中国的文化有独特的魅力。这些文化元素融入品牌之后，将会成为中国很多品牌的竞争力所在，这些元素对科技产品而言也是一样。所以，现在东方文化融入的程度越来越高，这就是深度品牌进入中国老百姓视野、进入市场竞争的一个非常重要的手段和方法。

我不久前接触过一些非常好的国际品牌：像武田制药有250多年的历史，现在是全球十大制药企业之一，它的传承一直做得很好，既能保持家族的控制能力,又能保持机制的创新性和活力;像德国的奔驰,它是全球最早做汽车的一家企业,对汽车行业的贡献很大,这几年业绩做得很不错。它在持续地做产品的创新、概念的创新和形象的创新。这些方面都是值得我们学习的一些品牌创新的方法、思路、理念和技巧。

第一财经:您曾说过:"今天的社会,就是一个颠覆的时代,就是一个跨界的时代,就是一个融合的时代,所以消费者的需求才是最重要的。"您能否为我们阐释一下品牌创新的未来趋势?

余明阳:未来创新一个很大的特点,就是行业的界限越来越不明确,你不知道是被哪个行业打败了,比如说,乔布斯的 MP3、MP4 出来以后,唱片行业就没有了;共享单车出来以后,黑摩的就没有了,因为短途可能就由共享单车来完成……这些就是跨界和科技给整个社会带来的影响。在未来,行业之间的界限可能越来越模糊,但是消费体验的因素可能会越来越强大,未来品牌最核心的因素就是给消费者带来体验价值。

我们说营销是一种交换,过去是交换劳动、产品和服务,如今是交换体验。当今,只要能够给消费者带来体验价值的产品一定会被追捧,例如泡泡玛特,比如现代都市产业中的撸猪、撸狗、撸猫、撸兔子等,这些边边角角的消费形式体验得好,就构成了品牌很强的黏性。所以,在你等位等得很无聊的时候,看电影早到的时候,机场候机无聊的时候,抓娃娃机、盲盒机、迷你KTV 等这种体验产业就出来了。这些都是由体验所带来的经济,而这个体验经济最核心的东西,就是让消费者在任何时候都能够体验到价值,这种价值就是品牌黏性最核心的因素。

未来所有的品牌都将走向体验化。奔驰车也一样,现在做许多东西能够给你提供便捷,比如说抓手,一抓以后不是直接弹回去,而是慢慢地弹回去,无论是从声音的感觉还是体验的方式,都会很舒服;还有一键启动、人性化的手刹体系,现在手刹体系很简单,轻轻一按就可以了;还有待车时的熄火装置,这些新的改进都是为了给消费者提供良好的体验。

因此,今后好的品牌一定是给消费者提供良好体验的产品。这也是为什么现在的定制产品越来越多,服装定制、鞋子定制、橱柜定制、教育定制等,体验创造价值,所有品牌最核心的就是给你一个价值的承诺。在未来,品牌的价值体现就在体验上，谁把体验做好了，谁把这样的价值提升好了，谁的品牌就一定是最受欢迎的，也是最有黏性、最有生命力的品牌。

以 90 后的消费为例，2020 年"双十一"的时候，90 后消费已经占到了 60% 以上，90 后成为社会的主流。90 后消费有很多不同于其他年龄层的消费方式的特点，比如说高颜值、零等待、没耐心、微参与、重洁癖等，他们的一些文化也带来了很多新兴产业的崛起，比如宠物产业、育儿产业等。从市场角度而言，这种消费特点带来了新的市场需求，也催生了一大批相应品牌的出现，这是一种趋势。

与此同时，在未来的发展中，有些东西还是要坚守的。比如，东方的文化价值体系需要代代传承，技术手段也会不断地创新，而这种创新并不影响人与人之间的沟通。

第一财经：随着全球化及国内扩大开放，再加上近期 RCEP 的签署，国内正在加速构建双循环格局。在此背景之下，您认为国内企业应该如何应对这种竞争形势？

余明阳：国际化的竞争是必然的。中国已经搞了三届进口博览会，举办进博会很大的原因在于我们有这个自信，让全球最好的产品到中国来，一方面让中国老百姓有更多选择的余地；另一方面让中国企业面临更全面、更完整的竞争体系。我觉得这是一种道路自信，也是一种文化自信。中国的企业早晚需要面对这样的挑战，而且我们有信心接受这样的挑战。

我们不怕竞争，只要是良性的竞争，我想对于整个国家的发展是有好处的。当然，我们在竞争方面现在依然处于产业链相对的低端，这也是我持续关注品牌、呼吁品牌的原因，因为我们的品牌力依然不够。

用两组数据来举例。在 2021 年最新的世界 500 强排名中，中国有 133 家，占比已达到 26.6%，在数量上已经超过美国，成为世界第一；但根据最权威的 BrandZ 公布的全球最有竞争力的 100 个品牌中，中国却只有 17 个。也就是说，从量来讲我们占到了 26.6%，从质来说我们只有 17%。这说明我们的附加值和文化软实力不足，这可能是我们未来面向国际竞争最大的短板，同时也是我们必须为之努力的地方。

中国产品要走向中国品牌，这个过程绕不开，但是我认为条件已经成熟了。在联合国公布的 130 多个大类、3 000 多个小类的制造业中,全世界只有中国包含了所有的产业,说明我们的制造业体系和供应链体系是完善的,接下来我们需要提升的是锐实力跟软实力。未来的 10 年,将是中国软实力和锐实力高速发展的 10 年,这也是中国从高速发展走向高质量发展的本质所在。

受访者: 余明阳(上海交通大学安泰经济与管理学院教授)
来源: 第一财网,2020 年 12 月 4 日

新零售下的消费体验升级带来的交互式体验与"秒"购买、"神"交货

章 甜 陈景秋

新零售好像为商家设置了一面"照妖镜":由于产品价格和信息的高度可得性,各种零售中的价格陷阱无处遁形。传统的价格战逐渐偃旗息鼓,商家不得不变得审慎而更有修养。

新生代的消费品位是复杂多变的,如果非要总结,或许可以用"性价比"和"我喜欢"两个三字组合来形容。产品不仅要令人心动,还要不贵且不"low",方值得购买。消费者是理性的,如期望效用理论所言,追求对他们有效用的产品的价值;消费者又是感性的,如前景理论所述,追求的是相对价值。为了满足和最大化他们的消费体验,以下两项策略或许有用。

一、策略一:交互式体验

随着网络和信息技术的发展,"交互式体验"一词越来越多地被使用。该词最早用来描述人们在使用网站、软件和消费类产品时的感受,但是当互联网零售将商品搬到网上时,那么消费者通过网络与商品发生的互动感受也可以称为交互式体验。逐渐地,随着线上线下的融合,交互式体验一词甚至可以泛化到对线上线下一切产品的感受上。

不言而喻,信息技术会促进消费者对产品的交互式体验,VR、AR 技术和 IP 形象设计都是常见的用以提升消费者对产品体验的新技术和方法;网

络也为商家和消费者之间提供了随时随地互动的机会,那么能否提供个性化的增值服务无形中也成为交互式体验的一部分。

1. VR、AR 技术

VR、AR 技术包括 VR(virtual reality,虚拟现实)技术和 AR(augmented reality,现实增强)技术两部分。VR 利用现实生活中的数据,通过计算机技术产生的电子信号,将其与输出设备相结合并转化为人们能够感受但是并不真实存在的场景。例如,在大热的 VR 游戏体验馆和 VR 过山车中,戴上特殊的 VR 眼镜就可以看到虚幻场景并如同身临其境。

AR 是将现实与虚拟现实技术相结合,但是强调人们在现实环境中的存在和感受。例如,一个简单的应用是,如果用手机对准自己生活中的场景,就会在手机屏幕上看到一个虚拟卡通形象出现在这个场景中,还会活灵活现地晃动。这种现实和虚拟世界的融合不仅增加了趣味性,还可以在真实环境的基础上进行虚拟的扩充。为此,商家将 AR 技术用于对彩妆、服饰和家居等产品的虚拟尝试和体验上。

在丝芙兰的 AR 试妆 App"Virtual Artist"中,消费者可以尝试 1 000 多种眼影,看和自己的肤色及当日造型是否搭配;并且,在这个 App 中还有不同妆容的教程,包括完整的步骤和所需的美妆产品清单,不仅省去了试妆的麻烦,也节省了商家准备样品和化妆工具的费用。优衣库在深圳万象城的旗舰店有一个"数字体验中心",在这里,消费者通过触摸屏幕上的商品列表,点击自己最喜欢的衣服,可以进入 4D 虚拟试衣界面。在宜家家居的 App 中,有一个让消费者在虚拟现实环境中体验宜家厨房的功能,可以根据成人或儿童的身高切换视角,并随意改变橱柜和抽屉的颜色等。

2. IP 形象设计

IP 形象设计,是指结合品牌特色来设计卡通人物形象,大部分以动物为原型。IP 具有原创性、衍生性和互动性等特点,可以拉近消费者与品牌之间的距离。有人认为 IP 是一部小说或网络剧,但其实它们只是 IP 的载体;一个强大的 IP 综合小说、动漫、漫画、游戏和电影等形式,可以与人们产生文化和情感共鸣,为企业带来巨大的流量。IP 形象设计适用于各行业的零售商。

三只松鼠是中国销售规模最大的食品电商企业,其主营业务覆盖了坚果、肉脯、果干、膨化等全品类休闲零食,它的 IP 形象——三只可爱的松鼠令消费者看一眼就难忘。"萌"营销只是表层原因,三只松鼠的 IP 形象赋予了品牌人格化的特征,好像将商家和消费者之间的关系转变为主人和宠物之间的关系。在线客服会以宠物的口吻来与客户交流,或卖萌或撒娇,独特的语言方式给客户留下了生动鲜活的印象。借助主人文化和可爱的小松鼠,品牌不再是冷冰冰的了,而是亲切的、真实的,带来了极强的体验感。

与流行 IP 联名也是零售商吸引消费者的巧妙手段。优衣库的产品一向以简约著称,但同时也会带来沉闷和单调感。随着越来越多的中国快时尚品牌的崛起,消费者面临着更多的选择,款式简约的优衣库反而会因为缺乏新鲜感而失去市场。为了激活品牌活力和紧跟潮流,请明星代言和设计联名 IP 款成为优衣库近年来重要的营销策略。2019 年 6 月,优衣库与艺术家 KAWS 的联名 UT 开启了一波购物狂潮,并迅速引爆全网;之后 UT 系列被不断更新,联名 IP 扩展到了"漫威""樱桃小丸子""小黄人"和"linefriends"等,该系列产品被定义为"新世代 T 恤",让优衣库拥有了更多的年轻粉丝。

3. 个性化增值服务

新零售时代的消费者,具有更多个性化的需求,同时又有各种盲思。针对他们个性化需求的增值服务不仅令他们感受颇好,还让他们体验到了"性价比"。例如,母婴类产品的主要目标人群是新手妈妈,她们对于育儿知识非常匮乏但又极度渴求,于是母婴企业孩子王建立了育儿顾问机制:孩子王的育儿顾问掌握各种育儿知识,了解从怀孕到宝宝成长的各种问题和解决方案,并通过线上线下多种渠道为客户提供贴心的育儿服务,包括为新生妈妈制订一对一的育儿方案等;在此过程中,家长们对育儿顾问产生了信赖,并欣然接受他们对产品的推荐。护肤类产品的主要目标人群是青年女性,她们应该根据自己的肤质选择特定的护肤品,然而肤质信息不通过专业检测难以获取。为此,资生堂的门店里置有一块桌子形状的可互动电子屏幕,提供皮肤诊断等体验服务,帮助客户深入了解自己的肤质并得到有针对性的皮肤护理和化妆建议;欧莱雅在自己的官网上提供了在线肌肤测试,并根据测试结果为在线客户推荐更加适合她们的护肤品。

二、策略二："秒"购买、"神"交货

新零售和懒人经济似乎是相互催生的。新零售下的货品对于"懒人"们，最好如挂在脖子上的饼，低头即得。如果希望实现这个目标，就要让购物变得更加迅速、便捷，做到"秒"购买、"神"交货。

1. "秒"购买

智能支付为实现"秒"购买提供了保证。最常见的智能支付方式有人脸支付和自主结账等。人脸支付是基于人脸的生物特征识别技术，客户只需面向收银机的摄像头，就会被扫描面部，系统通过将所存储的信息与之比较来确认身份；一旦身份被识别，客户只需在触屏上点击确认，就可以完成全部交易过程。家乐福的货架上每隔几米就贴有微信与刷脸支付的二维码标志，消费者通过扫码进入"家乐福扫码购"小程序便可刷脸支付，在出口处将付款后的条形码对着核验机器扫描后即可离开，避免了排队买单的麻烦。

自助结账机能减少排队结账时间，提升收银效率。迪卡侬体验店提供"无人收银，自助购物"的新服务模式，消费者只需将商品放入自助收银台的篮子里，机器就会自动识别数量并给出价格提示，随后只要手机扫一扫便可支付。麦当劳推出的自助点餐机则支持菜单的个性化定制（比如选择可乐不加或少加冰等）；对着柜台后的点餐员，消费者可能不好意思展现自己的选择障碍症，而对着自助点餐机则可以改变主意和多次重新选择。因此，自助点单结账功能的使用不仅便捷，还充分考虑到了消费者的心理因素。

而带有刷脸支付功能的自助收银机，更会让消费者体验"飞"一样的支付流程。盒马鲜生于 2018 年发布的 AI 驱动的智能收银设备，只需通过扫商品码、扫付款码或扫脸两个步骤即可完成支付，平均每 24 秒就可以完成 4 件商品的扫码支付。

还有一些商家开始使用无人售卖机，以弥补渠道的不足和进一步降低门店运营成本。良品铺子推出了一款无人零售机"良品益家"，包括 74 个格子柜，每个格子柜中有 1 件商品；设备配有一个小型的显示屏，用户扫码后会弹出一个 H5 页面，在该页面上选择商品完成付款后即可打开格子柜取走商

品；机器中的商品种类还会定期更换。无人售卖的商业模式一旦发展成熟，将会覆盖更多的商区、住宅区甚至封闭性的场所，从而解决消费者随时、随地、随心的购物需求。

2. "神"交货

消费者都希望在完成购买决策之后获得即时满足，那么缩短交货时间则是实现这一体验的重要途径。作为一个帮助实体超市做同城新零售服务的平台，全球蛙建立了"在线零售平台＋移动 App＋线下实体商店"相结合的体系，通过员工配送和第三方配送等，实现 3 公里内 29 分钟送达和次日达等增值服务；在新冠肺炎疫情期间更是因为到家业务实现了销售逆袭。当时为了缓解配送压力，全球蛙的配送人员联合顺丰、宅急送、蜂鸟启动联合作战计划，通过"无接触"配送服务，保障了城市小区居民的生活所需和安全。叮咚买菜则采用智能调度和骑行路径优化，来提高末端配送效率和降低配送成本；采用从"城批采购＋社区前置仓＋29 分钟配送"的模式，在 3 公里的服务半径内保证 29 分钟即时送达，以确保品质和消费体验。

商超之外的零售商也同样关注发货速度。银泰在 2019 年的 88 会员日推出了"24 小时发货"的新服务，门店仓的建立和库存的数字化为该服务提供了保障；优衣库则通过自建配送中心，提供网购商品"次日达"和有需要的商品"当日达"的服务。

当然，对于性子急的消费者，可能 29 分钟也是慢的。如果是这样，那么不妨享受商家们提供的线下自提服务。星巴克的新服务"啡快"（Starbucks Now）就具有"在线点单和到店取货"的功能——用户可以从 App 中选择一家星巴克门店下单，然后到店自取，从而减少排队等候的时间。这不仅适用于在路上点单、到店取完咖啡后去办公室工作的上班族，也适用于与朋友约会时避免一个人排队买单和等待的尴尬场景。

由于与传统门店或"逛街"的场景相联系，线下自提可能会给客户提供更典型的收获新商品的满足感。此外，由于卖场以销售生活必需品为主，而生活必需品往往亟待使用，那么提供现场自提服务就更具有现实意义。无论是主打新零售的卖场盒马鲜生、永辉和苏宁小店等，还是更加传统的卖场大润发和物美等，都开启了线上下单、线下自提的服务，这项功能由于在疫情期间有助于"无接触交货"而被进一步推广开来。

虽然新零售下消费模式发生了重大改变,但是消费者的需求仍然遵循基本规律:在整个消费过程中,他们的体验可以分为决策时的预期体验和收到货品后的消费体验。预期体验通常是一种"热"体验,包含更多的情绪唤醒;如果消费体验与预期体验间隔太久,那么"热"体验就会变为"冷"体验。因此,上述介绍的交互式体验策略自然会提升消费者的预期体验,促使他们购买;而交货速度越快,那么消费体验和预期体验更可能处于一致的"热"状态下,由此也更可能提升收货后的满意度。

作者: 章甜(上海交通大学安泰经济与管理学院工商管理专业本科生)、陈景秋(上海交通大学安泰经济与管理学院组织管理系教授)

来源:《文汇报》,2020 年 12 月 7 日

完美日记、元气森林、小仙炖
为何爆品出圈

周　颖

我们先看看曾经的爆品：

送礼要送？"脑白金"。

怕上火喝？"王老吉"。

渴了困了？喝"红牛"。

九阳等于？"豆浆机"。

微波炉等于？"格兰仕"。

辣条等于？"卫龙"。

……

这些耳熟能详的品牌用了几十年的努力成为品类的代名词。现如今，消费格局正在发生变化。2020 年天猫"双十一"，一大批新品牌脱颖而出，357 个新品牌拿下细分类目第一，16 个新品牌冲入亿元俱乐部，54 个新品牌"双十一"成交额超过 2019 年全年成交额。完美日记成交 6 亿元，成为美妆类第一；Ubras 异军突起，销售破 3 亿元，成为内衣单品类第一；小仙炖全网销售额突破 4.65 亿元，同比增长 263％；泡泡玛特销售过亿元，荣登模玩类目第一；云鲸扫地机器人成交破 2 亿元；三顿半咖啡成交 1 亿元；元气森林成为天猫水饮品类销量第一。越来越多的细分、垂直、小众新品牌悄然蹿红，正在走进主流消费人群的视野，它们从 0 到 1 的速度正在变得越来越快。

　　这些现象级爆品的共性是什么？它们迅速出圈背后的底层逻辑是什么？如何构建爆品关键因素模型，以此推动更多的中国新品牌出圈？新品牌与传统品牌打造爆品的路径有何不同？本文将聚焦这些问题，探讨如何打造中国新品牌爆品。

一、新品牌爆品共性 3F

1. 速度快（fast）

　　笔者通过研究这些爆品企业发现，它们大多数从品牌成立到成为爆品都在 4 年左右时间完成，这里的速度快是指快速引爆、快速迭代、快速增长。例如，王饱饱 2017 年成立，钟薛高 2018 年成立，Ubras 2016 年成立，完美日记 2017 年成立，这些品牌的产品从调研、研发、产品测试到推向市场，在短期内完成了从 0 到 1 的蜕变。

2. 强聚焦（focus）

　　新品牌在进入市场时，往往聚焦在一类单品、一个卖点、一类人群、一类平台、一个时段，以迅雷不及掩耳之势，完成亿元销售突破，继而再进行品类延伸。例如，完美日记最初聚焦于口红、眼影等彩妆，主打大牌平替卖点，以 18～30 岁的年轻人为主流人群，以小红书为引爆平台，以"双十一"和 618 为契机，集中资源打透打穿。

3. 高颜值（fashion）

　　在这个"颜值即正义"的年代，新品牌通过打造高颜值的产品来吸引年轻人的注意力。包装设计大师笹田史仁在《0.2 秒设计力》中说："购物的客人在经过货架时，让商品映入眼帘的时间只有 0.2 秒。想要让顾客在这个瞬间惊叹一声'哇'并且愿意驻足停留，那就必须靠抢眼的包装。"根据尼尔森的数据，64％的消费者会购买包装更吸引人的产品。产品仅仅实用已经不够，还要好看，甚至让人产生"买椟还珠"的行为。例如，完美日记与大都会和 Discovery 的联名款外观设计令人惊艳叫绝。

二、中国新品牌出圈的底层逻辑——四大红利

2020 年,大批新锐品牌能在一片红海中脱颖而出,这背后的底层逻辑是什么?中国新品牌出圈有赖于四大红利,即经济红利、流量红利、平台红利和消费红利。

1. 经济红利

2020 年,面对突如其来的新冠肺炎疫情,经济遭遇重创,全球经济增速同比缩减 4.3%,但中国整体 GDP 已经突破 100 万亿元,同比实际增长 2.3%,排名全球第二;2020 年世界 500 强企业名单中,中国有 133 家,超过美国的 121 家;2020 年天猫"双十一"再创新高,交易额达到 4 982 亿元。疫情如此严重,我国线上销售还能实现快速增长,实属不易。中国综合实力增强,推动了国人的自信,加强了国人对国货品牌的自豪感。

2. 流量红利

到 2020 年 12 月,中国网民数量达到 9.89 亿人,普及率为 70.4%;网络视频(含短视频)用户规模达 9.27 亿人,占网民整体的 93.7%;短视频用户 8.73 亿人,使用率 88.3%,短视频成为流量入口,新的流量红利为新品牌、新模式奠定了基础。

3. 平台红利

目前,天猫、京东、拼多多 3 家电商平台全面开启孵化、扶持新品牌的行动,成为未来三大电商平台的竞争焦点。从 2016 年开始,天猫上线了 TMIC 创新中心、天猫小黑盒、超级品类日等营销工具,赋能新品牌成长。2020 年,天猫全新升级了"天猫超级新秀计划",为新品牌的发展提供流量、数据、营销等多方面的支持,3 年之内帮助 1 000 个新品牌年销售过亿元,100 个新品牌年销售过 10 亿元。

2020 年,天猫新国货计划提出要让每个人的购物车里多 3 个中国品牌的产品,天猫新品创新中心每天孵化 1 个新品牌,为中国品牌培养 1 000 名新品策划师;天猫新文创计划帮助 1 000 个中国品牌和国内外知名 IP 跨界合作;聚划算"聚新品"计划帮助 10 000 家新国货品牌开拓新客和新市场。

推动新品牌，成为 2020 年天猫平台战略的核心。

2019 年，京东也发布了"京东超级新计划"，推出新品首发平台"京东小魔方"，为新品打造了"种草—拔草—养草"的全生命周期解决方案。目前，京东小魔方全面升级，聚合全平台数据能力、运营能力、内容能力、生态能力、用户运营五大优质能力，成为"造新"的参与者、推动者，为京东全年"双十一"带来超过 3 亿件新品。拼多多 2018 年年底就启动的"新品牌计划"，提出 2021—2025 年扶持 100 个产业带，推出 10 万款新品牌产品，带动 1 万亿元销售额。未来 5 年内，拼多多将扎根中国化妆品产业带，培育 50 个亿元级化妆品新品牌，其中包括 10 个 10 亿元级化妆品新一线品牌。

电商平台逐渐成为新品牌发展的沃土，成就了国货新品牌的枝繁叶茂，创下了"逆袭大牌"的新纪录。

4. 消费红利

（1）新人群。为什么新品牌能够备受追捧，是因为 95 后的 Z 一代（1995—2009 年出生）日渐成为线上消费的主力军。中国按照 X、Y、Z 世代划分人群，Z 世代有 2.6 亿人，占总人口的 18.5%，这一代人呈现的偏好是 ACGN 文化，A（animation）指动画，C（comic）指漫画，G（game）指游戏，N（novel）指小说。Z 世代们有着自己独特的精神追求和消费价值观，这一代人被描述为"精致穷"，虽然赚得不多，但并没有因此放弃追求精致，他们愿意为了自己所向往的生活和喜欢的东西变穷，穷得明明白白，活得开心闪亮。

（2）新观念。Z 世代的消费观念也发生了很大变化，从注重"功能消费"转向"颜值消费"，从"悦人消费"到"悦己消费"。年轻一代更愿意尝新，崇尚高颜值，追求个性，注重自我满足，产品不仅要好用，还要好玩、好美。传统一代的消费者，更多地偏向"悦人"消费，他们选择带有大 logo 的奢侈品、知名品牌，以炫耀消费提升自己的形象和地位；Z 世代消费群体追求独立和自我，更多地将目光放在自己身上，取悦自己成为他们的主流消费观念。他们不唯品牌知名度，关注小而美的小众品牌，选择符合自己人设的特色产品。

同时，新生代对国货的关注度越来越高，对中国品牌的关注度从 2009 年的 38% 提升到 2019 年的 70%，尤其是 20～29 岁年龄段的人对国货的关注度最高。

（3）新消费。新的消费群体必然带来新的消费契机，由此诞生了新物种，也带动了新品牌的增长，形成了独特的"新品"驱动力，新品成为新消费时代下的最大增长机会，每一个新需求都将成为新的黄金赛道。目前，中国新消费品类增长速度最快的包括医美、网红食品、抗糖代餐、美妆个护、睡眠经济、潮玩手办等。另外，新品牌创业团队很多也都是年轻群体，像三顿半、拉面说等品牌创始人均为 90 后，自己本身就是新消费群体，可以很精准地捕捉到年轻人的需求，敏锐地捕捉到机会。

三、新品牌爆品出圈的 BOMB 模型

中国每年有数以亿计的新品推出市场，仅天猫小黑盒在过去一年就首发了 2 亿款新品。这些新品如何能在短期内成为爆品？ 笔者通过研究构建了一个 BOMB 模型，以期对新品突围提供借鉴。

1. 选赛道/爆品类（big market）

打造爆品最难的就是第一步选赛道（选品类），赛道选不好，再努力也事倍功半。选赛道的过程就是预见风口—找准风口—抢占风口的过程。大赛道最好是朝阳行业，选择大市场、高增长、高频率和标准化的品类。就像燃油车和新能源车，毋庸置疑要选择后者。例如，王小卤第一次创业，选择了卤味猪蹄熟食品类，最后没能成为爆品；改为卤味鸡爪，聚焦在零食品类后获得重生机会。2019 年公司起死回生，2020 年"双十一"销售额达 2 000 万元，同比增长 500％，拿下天猫京东鸡爪类第一。其原因是，零食赛道无论是消费频率还是消费场景都远远超过熟食类。可见，选择赛道很重要。

完美日记的赛道就选得非常好，它选择了化妆品中的彩妆，在彩妆中又选择了口红和眼影。首先，选好大赛道。化妆品这个赛道在 2019 年在中国社会消费品零售总额增速中位列第二。其次，选好小赛道。如果从护肤和彩妆来看，护肤的技术门槛和品牌门槛都非常高，雅诗兰黛、兰蔻等大牌云集，很难逾越；从增长看，彩妆增长高于护肤类增长，2018—2019 年，淘宝、天

猫全网的护肤品成交金额增长只有33％，而彩妆的增长达40％，但与韩国、日本比，我国彩妆占比仍然很低，有更大的增长空间，所以完美日记选择了彩妆小赛道。在彩妆中，口红又是女性妆容中的必备款，无论购买频率和使用场景都具有很大优势。

三顿半咖啡也一样，咖啡大赛道在近5年内复合增长率达到25％，人均咖啡消费量2018年为6.2杯，2019年为7.2杯，远低于日本、美国和德国。再从小赛道看，现磨咖啡以线下店为主，资金、品牌和门槛很高；即饮咖啡市场中，雀巢占据了将近70％的市场份额，一家独大，很难撬动；而速溶咖啡中的冻干咖啡，利用新的萃取技术，弥补了现有速溶咖啡的不足，具有更大的发展潜力。三顿半选择了冻干咖啡这个细分市场。从价格赛道看，5～10元的价格段，性价比高，口感好，使用方便，弥补了当前的市场空白。

2. 爆卖点/独特性(outstanding)

选好品类为爆品奠定了基础，但是成为爆品一定要有爆点，这个爆点来源于消费者需求的痛点。爆点解决了消费者购买的障碍，促使消费者第一次购买，但产品只有具备了尖叫点才能形成快速传播，引爆市场。爆点源于痛点，爆点解决购买，尖叫点解决裂变。例如，元气森林的0卡、0脂和0糖，三顿半的3秒超即溶，小仙炖的"鲜"和"即食"，Ubras的无尺码、无钢圈、无束缚，完美日记的大牌平替，润百颜的玻尿酸原液，花西子的"东方彩妆"，等等。

3. 爆渠道(multi-channel)

目前大多数爆品渠道突围基本上是从线上开始的，因为消费习惯已经从线下走到线上，网上零售占社会消费品总额不断增加。截至2020年年底，实物商品网上零售额97 590亿元，增长14.8％，占社会消费品零售总额的比重为24.9％。线上主要的渠道平台包括天猫、京东等电商平台，抖音、快手、小红书等直播和短视频平台。

从全国来看，中国直播带货发展迅猛，2020年中国电商直播规模达到9 610万元；从平台看，2018年淘宝直播GMV约1 000亿元，2019年约2 000亿元，2020年超过4 000亿元；从品牌看，以花西子为例，2020年1—7月发布的6款新品中，通过李佳琦直播平台销售的，月销量均达到1万至20万笔以上,非直播间销售的,月销量仅在 1 000 笔左右。因此,爆渠道选择的路径基本都是电商、直播和短视频。

4. 爆传播(broadcast)

中国新品牌爆品的传播基本上采用公域流量加私域流量的打法,通过公域流量获客,用私域流量留存、复购和裂变。公域流量是需要花钱购买的,比如抖音、快手、小红书、头条、淘宝等,但后续需要引到私域流量,例如,企业的微信公众号、小程序、官网、社群等,让用户沉淀下来。抓好私域流量,才会避免漏斗效应。

例如,完美日记主打的传播渠道就是小红书,通过在小红书金字塔式的投放布局,包括头部、肩部、腰部网红,以及路人、素人大范围投放,成交后通过优惠、买赠等形式吸引到完美日记、完美日记宠粉联盟、完美日记体验店 3 个公众号,以及官方旗舰店、完子心选、完子之家 3 个小程序私域流量中。完美日记粉丝数已经达到 4 800 万人,形成了强大的私域流量矩阵。

四、新品牌与传统品牌出圈路径差异

传统品牌是"大而全",新品牌是"小而美";传统品牌请明星代言,新品牌更多采用 KOL+KOC 组合;传统品牌依靠电视、广播、报纸、杂志等传统媒体,新品牌更多用的是公域流量+私域流量。新品牌与传统品牌在打造品牌路径、创新方式和传播方式上是不同的。

1. 品牌发展的路径不同

在传统经济时代,一个产品成为爆品需要几十年的时间,入圈、出圈都很难,主要依靠自有资金推动,需要几十年的沉浮才能脱颖而出,属于规模驱动,先规模后品牌,即企业先做好产品,用地毯式轰炸的广告方式,吸引消费者关注,实现大规模销售,树立品牌形象。如今是怎么玩的?企业通过市场调研,找到消费者的痛点,通过品类驱动爆款打造,成为细分市场单品类冠军,吸引资本介入。通过资本和营销驱动,让爆品出圈,迅速提高产品知名度,再进行品类延伸和扩大规模。移动互联网时代,新品牌市场洞察快、反应快、迭代快,在短短的三四年时间内就实现了换道超车。

2. 创新方式不同

企业创新有两种途径：一是渐进式创新，即性能、包装、口味、品种的改进；二是颠覆式创新，即技术、商业模式创新。工业时代，传统品牌更多依靠颠覆式创新，属于技术驱动型。从基础研发—产品设计—批量生产—局部试销—全面商业化，以链式的方式实现从 0 到 1 的突破，但这个链条的每一个环节都很难逾越，时间长、风险高。

新品牌更多采用渐进式创新方法，通过推出新品类、新包装、新口味等方式迅速占领市场。这种创新采用的网式推动型，以消费者需求为中心，研发、供应链、生产、营销、销售平台同时展开，采用 C2M 模式，速度更快。

中国企业的创新从最初的内部创新——以内部研发人员为主导，到开放式创新——与科研、第三方合作研发，再到现在的社群创新——以用户需求为主导，这种方式加速了产品迭代过程。

3. 传播方式不同

传统品牌的传播是中心化的形式，通过购买流量来实现，例如，通过电视台、广播等投放广告。这种散点式的广告，很难精准找到消费群体，也不能追踪消费者的反应，谁看到了广告，谁购买了产品，这些数据很难抓取，这正是传统媒体的弊端。

新品牌的传播是去中心化形式，更多地依靠新媒体传播。例如，"双微一抖 B 快红视"，这种传播一是通过算法精准触达匹配客群，快速形成转化；二是在经过第一层传播后，再通过受众触达受众，形成"裂变营销"。这种裂变可能因为产品好，也可能因为内容好，依靠人的自传播扩散，由过去依靠购买流量到制造流量。

五、总结、思考和设想

1. 总结

中国新品牌爆品具有速度快、强聚焦和高颜值的 3F 特征。

中国新品牌爆品出圈的底层逻辑源于四大红利，即经济红利、流量红利、平台红利和消费红利。

本文构建了中国新品牌爆品 BOMB 模型,即爆品类、爆卖点、爆渠道和爆传播,为行业提供借鉴。

中国传统品牌和新品牌在发展路径、创新方式、传播方式上存在较大差异。

2. 思考

中国新品牌在短时间内迅速红遍全网,未来如何能从爆红到长红?产品是 1,营销是 0,企业完成 0 到 1 的突破后,一方面要实现从 1 到 N 的复制发展,另一方面要投入技术和研发,才能真正实现企业的可持续发展。短期拼营销,中期拼模式,长期拼产品,用技术和产品双轮驱动爆品长红。

对于传统大而全的企业来说,经历了多年的发展,品牌和规模都占据了市场优势,但是它们面临的最大问题就是产品逐渐失去了对消费者心智的占领,市场份额不断被新品牌切割和蚕食,如果不正视市场挑战将逐渐丧失市场份额。传统品牌如何不被新品牌超越呢?也要用双轮驱动,即通过技术和创新构建企业的护城河,更多聚焦于颠覆式创新领域,引领行业发展。

3. 设想

笔者提到了以王老吉、九阳豆浆机为代表的曾经的爆品,以完美日记、王饱饱麦片为代表的新爆品,那么未来爆品会聚焦哪些人群?具备哪些特征?采用何种手段快速触达?

未来爆品会聚焦三类人群:爱美的人、怕死的人、缺爱的人。爱美的人会推动医美、美妆、健身爆品的诞生;怕死的人会推动养生保健、0 卡 0 脂 0 糖、有机食品的暴发;缺爱的人会推动一人食、一人游、方便速冻、小家电、宠物食品的暴发。

未来爆品的三化特征:短期化暴发是一个趋势,这个时间短不是生命周期的短暂,而是从创意到暴发的时间更短;产品智能化,以科技驱动为主,不再过多依靠营销和颜值吸引消费者;圈层化,从研究圈层需求痛点出发,聚焦需求差异化、个性化的产品。

未来爆品的三精手段:这些产品将更多地依赖算法和数据,精准选品、精准选人、精准触媒。

德鲁克说:"动荡时代最大的危险不是动荡本身,而是仍然用过去的逻辑做事，预见未来最好的方式就是去创造未来。"

作者：周颖（上海交通大学安泰经济与管理学院 EMBA 项目主任、教授）

来源：陆家嘴金融网，2021 年 4 月 15 日

规范退役动力电池回收
再利用,应对碳达峰

张钦红

一、退役动力电池利用方式及其对碳排放的影响

碳达峰与碳中和是中国当前面临的重大战略问题之一。2021 年 3 月召开的中央财经委员会第九次会议指出:"实现碳达峰、碳中和是一场广泛而深刻的经济社会系统性变革。"

根据国家统计局数据,交通领域的碳排放约占中国碳排放总量的 10%,仅次于发电与供热行业的 50%、制造业与建筑业部门的 28%,位居行业的第三位。中国交通运输业(含仓储与邮政)的能源消费占总能源消费的比重从 2000 年的不足 4%提升到了 2018 年的 9%以上,交通运输业的碳排放占比也呈上升趋势。因此,"交通领域要加快形成绿色低碳运输方式"在中央财经委员会第九次会议上得到了明确的规定。

大力推广以纯电驱动为主的新能源汽车是降低交通运输领域碳排放的合理可行手段。在这方面,中国走在了世界前列。2015 年以来,中国新能源汽车产销量、保有量连续 5 年居世界首位。根据公安部数据,截至 2020 年年底,全国新能源汽车保有量已达 492 万辆,占中国汽车保有量的 1.75%。到 2030 年,中国以纯电驱动为主的新能源汽车将达到 8 000 万辆。中国新能源汽车行业逐渐呈现出"弯道超车"的趋势,成为该行业的世界引领者。

电动汽车保有量的急速攀升,也预示着退役动力电池的数量即将井喷。

通常，当动力电池使用 3～5 年后，剩余容量下降为初始容量的 70%～80% 时，新能源汽车应更换动力电池。

退役动力电池的利用方式主要有梯次利用和再生利用两种。

梯次利用是指对退役动力电池包进行检测，整体性能良好的电池可以将其再次用于储能；而整体性能稍弱的电池包将被拆解，拆解得到的电池模块将通过检测分级，并按照容量分类，然后将一致性好且具有相同容量的电池模块重组，制成梯次利用电池应用于储能及低速电动车等领域。

再生利用是对性能较差的退役动力电池进行放电、拆解、粉碎、分选，分类回收各种有价材料，如钴、镍、铜、铝等。目前再生利用的主要技术包括火法冶金、湿法冶金和生物冶金等。

从碳排放的视角看，退役电池进行梯次利用能从三个方面降低碳排放：

第一，梯次利用电池能延长电池的使用年限，降低全社会电池的生产量，并降低此过程中的碳排放。实践中，从汽车上退役的动力电池仍有高达 80% 左右的剩余容量，这些电池经过重组后，能够用于低速电动车、储能等领域，实现"一次制造多次使用"，降低电池的需求总量。目前，国内不少企业，如格林美等已经开发出用于两轮车、三轮车、高空作业车等的梯次利用电池，相比传统的铅酸电池能够提供更好的性能，并具有较好的经济性。根据自行车协会的数据，中国电动自行车年销量超过 3 000 万辆，其中 80% 以上仍在使用传统的铅酸电池。因此，如能完全采用梯次利用电池，则每年可以少生产相应数量的新电池和减少相应的碳排放。

第二，梯次利用电池能够用于缓解太阳能和风能系统等间歇性可再生能源系统的不稳定性，提升其利用率。作为清洁能源的太阳能和风能，在碳达峰和碳中和战略中具有重要地位，然而由于这些能源供给固有的间歇性，增加了整个电网运行的复杂性，因此常常被冠以"垃圾电"的名称。以梯次利用电池构成的储能系统与这些发电系统相结合能够稳定其输出，缓解其不足，提升这些能源的渗透率。一项针对美国加州的研究表明，当梯次利用的动力电池取代燃气发电机组，用于缓解太阳能和风能系统等间歇性可再生能源系统的不稳定影响时，其碳排放的节约量可以占整个地区碳排量的 1.5%。

第三,梯次利用电池可以用于电网系统的削峰填谷,构建智慧电网,提高电力系统的效率,降低碳排放。意大利的一项研究表明,将从插电混动汽车上退役的磷酸铁锂电池用于智慧电网时,能够降低 25% 的环境影响,包括碳排放、富营养化和酸化。

再生利用能够回收动力电池中的各种金属材料,降低这些材料在冶炼和运输中的碳排放。以三元电池中普遍使用的钴材料为例,中国的钴资源紧缺,需求量的 95% 依靠进口,而这些钴材料 70% 以上用于制造动力电池。这些材料的开采、冶炼和运输均会产生大量的碳排放。再生利用动力电池,能够避免重金属材料和电解液材料的环境污染,还能回收利用电池中的钴、镍、锂等高价值金属,在获得经济效益的同时,缓解这些材料由于对外依存度高而产生的被"卡脖子"的风险。

考虑到电池在碳达峰和碳中和领域中的重要地位,欧盟于 2020 年 12 月 10 日发布了新电池法的提议草案,对动力电池的回收再利用做了明确要求,包括对制造电池所用的再生材料成分、对电池碳足迹的披露、对电池供应链的尽职调查、电池的溯源信息等。显然,这些要求与电池的碳排放及环境影响息息相关。因此,动力电池的回收再利用是中国电池产业保持优势、参与全球竞争的必要举措。中国政府也多次出台相关政策,鼓励动力电池的回收再利用。

2020 年国务院在《新能源汽车产业发展规划(2021—2035 年)》中明确提出"建设动力电池高效循环利用体系""支持动力电池梯次产品在储能、备能、充换电等领域创新应用""推动报废动力电池有价元素高效提取"。

二、动力电池回收利用过程中存在的问题

退役动力电池的巨大市场和潜在的经济及社会效益,吸引了诸多企业介入。然而,作为新事物,动力电池在回收利用方面不可避免地存在较多问题。

第一,正规渠道回收的退役电池占比较低,大量电池流入非正规企业。2018 年,中国退役动力电池回收了 1.35 万吨,仅占当年所有退役电池的

22.9％。而 2020 年中国报废的 14 748 辆新能源汽车中，仅有 46.3％的汽车带有电池，其余车辆的电池不知所终。非正规企业在环保投入、梯次利用产品保障等方面投入低，能够开出更高的价格回收废旧电池。退役动力电池流入非正规渠道，失去监控，带来了巨大的环境和安全风险，同时也导致正规企业"吃不饱"，产能利用率不足，无法发挥规模效应。

第二，退役动力电池梯次利用比率较低。2018 年回收的退役动力电池中，仅 7.2％得到了梯次利用。背后的原因是新电池的价格下降较快，梯次利用技术尚不成熟，梯次电池质量风险高，市场规模较小，因而梯次利用电池的经济效益不明显。而在没有补贴的情况下，电池梯次利用的环保收益未能体现在市场价格中，不利于提升梯次电池的市场竞争力。较低的梯次利用率不利于降低动力电池的碳足迹。

第三，动力电池梯次利用及回收再利用在政策法规、行业标准、执法力度方面均有待完善。锂离子电池被国家认定为第九类危险品，对其生产、存储和运输过程有较为严格的规定。而退役的动力电池，其危险性更高，在存放、包装、运输及再处理等环节应该设置更详细具体的规范，在市场准入、企业监管、产品标准等方面也应设置更高的要求，而目前这些工作尚在进行中。实践中，不少企业在处理废旧电池时，按照一般货物进行处理，不愿在包装、运输与存储环节增加额外的安全投入，具有极大的安全隐患。此外，梯次利用电池产品也缺乏明确的标准和强制性的认证规定，其安全性和可靠性不确定，不利于市场推广。对非正规企业的监管，以及违法行为的查处与惩罚方面存在较大疏漏，不利于市场的健康运行。

第四，动力电池回收再利用行业的技术水平和管理能力亟待提升。保障安全性是电池梯次利用和再生利用最重要的要求，也对企业的技术和管理能力提出了较高要求。目前，由于行业仍处于起步阶段，参与企业在各项技术上仍处于不断研发和改进阶段，技术能力和管理水平进步缓慢，未形成标杆性的企业、技术标准和管理模式。在退役电池状态快速准确检测、智能化加工处理、梯次电池状态监控与预警、退役电池供应链优化、信息化溯源等方面仍存在较大的改进空间。

三、促进动力电池回收健康发展的努力方向

为解决动力电池回收再利用产业面临的问题，促进产业健康发展，需要从如下几个方面进行努力：

首先，要充分认识动力电池回收再利用的战略意义，加大政策与资源投入。动力电池的回收再利用，关系到电动汽车产业能否实现"弯道超车"，关系到电池行业的可持续发展，也关系到交通运输行业的碳减排，是碳达峰和碳中和战略的重要一环。因此，应加大政策与资源投入，优化行业运行的法治和政策环境，增加基础研发投入，提升全社会的环保意识。

其次，要消除因外部性而引起的市场失灵。目前，动力电池的梯次利用及再生利用具有减少碳排放及环境污染的作用，而这部分收益并未体现在企业的收入中，存在较为明显的外部性。为纠正外部性带来的激励不足，可以采取对电池回收再利用进行补贴，或者将电池回收再利用纳入新能源汽车积分核算体系，或者与碳排放交易制度相结合等措施，以提升正规企业在电池回收处理业务中的收益，促进行业健康发展。

再次，从供应链的全过程对动力电池进行监管。从退役动力电池的供给源头上严控电池流向，确保退役电池去向明确、可控。从目前的实践看，对退役电池的个人所有者监管难度较大，在经济利益的驱动下，其更有可能将电池出售给出价较高的非正规企业。因此，可以通过奖励、惩罚、宣传等多种手段，提升动力电池资产所有人和企业的环保意识，使其将退役电池出售给正规回收渠道。从需求端对动力电池再生利用产品（如梯次电池、再生材料）的采购方进行监管，约束企业的采购行为，缩小非正规企业产品的销售渠道。此外，应鼓励新电池生产企业在设计产品时，考虑产品的可回收、可再利用性，降低电池整个生命周期的加工处理成本，实现整个闭环供应链的优化。

最后，应充分利用信息技术手段，以物联网、大数据和区块链技术支持动力电池全生命周期的管理。大量的数据将支持退役动力电池性能评估、产品状态预警、物流网络优化、运输路线优化等方面的操作，是企业优化运

营、降低成本、提升效率的重要支撑。此外，准确清晰的数据是行业监管与赏罚的依据，是规范企业行为的重要基础。

作者： 张钦红（上海交通大学中美物流研究院副研究员、上海交通大学安泰经济与管理学院行业研究院回收再利用团队负责人）

来源： 澎湃新闻，2021 年 6 月 10 日